９回裏２死二塁、横峯孝之の飛球が好捕されゲームセット。本塁前で崩れ落ちる二走の大城剛を抱えおこす前川盛彦主将＝1990年８月21日

第１位 1990年（第72回）決勝
沖縄水産０－１天理

球児たちの1世紀
夏の甲子園100回

県内高校野球の監督・部長が選んだ県勢夏の名勝負

順位	票数	試合	スコア	年	大会
❶	39	沖縄水産－天理（奈良）	0－1	1990年	第72回決勝
❷	23	興南－東海大相模（神奈川）	13－1	2010年	第92回決勝
❸	20	沖縄水産－大阪桐蔭	8－13	1991年	第73回決勝
❹	18	興南－報徳学園（兵庫）	6－5	2010年	第92回準決勝
❺	17	浦添商業－智弁和歌山	0－1	1997年	第79回準決勝
❻	9	宜野座－仙台育英（宮城）	7－1	2001年	第83回１回戦
❼	6	那覇－中京商業（岐阜）	2－1	2000年	第82回２回戦
		八重山商工－千葉経大付	9－6	2006年	第88回１回戦
❾	5	沖縄水産－浜松商業（静岡）	2－1	1988年	第70回準々決勝
		那覇商業－横浜（神奈川）	4－2	1994年	第76回２回戦
⓫	4	浦添商業－慶応（神奈川）	4－3	2008年	第90回準々決勝
⓬	3	沖縄水産－埼玉栄	4－5	1998年	第80回１回戦
⓭	2	浦添商業－桐光学園（神奈川）	1－4	2012年	第94回３回戦
		沖縄水産－福岡第一	1－5	1988年	第70回準決勝
		豊見城－星稜（石川）	0－1	1976年	第58回準々決勝
		浦添商業－愛工大名電（愛知）	6－4	2012年	第94回１回戦

その他（１票）八重山商工－智弁和歌山（第88回）、宜野座－日本航空（第83回）、興南－盛岡一（第50回）、首里－日大山形（第45回）、八重山商工－松代（第88回）、興南－関東一（第97回）、興南－早稲田実（第62回）、嘉手納－前橋育英（第98回）、前原－前橋工業（第78回）、那覇－育英（第82回）、沖縄水産－鹿児島実業（第73回）、浦添商業－春日部共栄（第79回）、中部商業－帝京（第84回）、興南－岐阜南（第50回）

第2位 2010年（第92回）決勝
興南 13 － 1 東海大相模

決勝では島袋洋奨が1失点完投。大黒柱としてチームを頂点に導いた＝2010年8月21日

第3位 1991年（第93回）決勝
沖縄水産 8 － 13 大阪桐蔭

沖縄水産－大阪桐蔭　ピンチの場面でマウンドに集まりエース大野倫（右）を励ますナイン＝1991年8月21日

5回表、我如古盛次の適時打で、二走の慶田城開が捕手のタッチをかわして生還する＝2010年8月20日

第4位 2010年（第92回）準決勝
興南6－5報徳学園

延長10回裏1死満塁、中犠飛で智弁和歌山の三走が生還してサヨナラ負け。捕手は下地昌樹＝1997年8月20日

第5位 1997年（第79回）準決勝
浦添商0－1智弁和歌山

第７位　2006年（第88回）１回戦
八重山商工９－６千葉経大付

９回に同点打を放った羽地達洋は、二塁上で拳を突き上げて大きくほえた＝2006年８月８日

仙台育英を１失点に抑えた宜野座の仲間芳博＝2001年８月９日

第６位　2001年（第83回）１回戦
宜野座７－１仙台育英

第７位　2000年（第82回）２回戦
那覇２－１中京商業

メジャーリーガーのような極端にかがみ込む打撃フォームで話題を呼んだ那覇の比嘉忠志＝2000年８月17日

県内高校野球監督・部長が選んだ県勢夏の名勝負

今年（２０１８年）８月に１００回目の記念大会を迎える全国高校野球選手権大会（夏の甲子園）に向け、沖縄タイムスは２０１７年12月31日までに県内高校野球部の監督・部長に「あなたが選ぶ県勢・夏の名勝負」アンケートを実施した。最多得票は１９９０年、県勢初の決勝進出を果たした沖縄水産が０－１で天理（奈良）に惜敗した第72回大会の決勝戦。劇的な幕切れで悲願の初優勝を逃した激戦が39票を集めた。アンケートは昨年12月、県高野連に加盟する64校に配布、54校65人から複数回答を得た。

第72回大会決勝は四回、天理に犠飛で奪われた１点が決勝点となる激戦だった。沖水打線は相手を上回る８安打を放ち、何度も得点圏に走者を進めたが、あと１本が出なかった。０－１の九回２死二塁で９番横峯孝之内野手が放ったレフトライナーは、天理の小竹英己左翼手に好捕され試合終了。アンケートには「最後のレフトライナーに県民みんなが夢を見た」「一連の場面は今も鮮明に覚えている」など当時の興奮をつづる声が並んだ。

２位は、県勢初の夏の甲子園優勝を果たし、深紅の大優勝旗がついに海を渡った２０１０年、第92回大会決勝の興南－東海大相模（神奈川）が選ばれた。松坂大輔が活躍した横浜（神奈川）以来、史上６校目の春夏連覇の偉業だ。

興南は先発全員安打の猛攻で13－１と大勝。トルネード左腕のエース島袋洋奨投手を擁し、投打に圧倒した。我如古盛次主将がインタビューで発した「沖縄県民で勝ち取った優勝です」の言葉は記憶に新しい。

３位に入ったのは１９９１年、第73回大会決勝の沖縄水産－大阪桐蔭。沖水の「２年連続準優勝」は多くの人の脳裏に強く印象付けられている。

興南が初優勝した第92回大会の準決勝、５点差を中盤からの猛攻でひっくり返し、６－５で春夏連覇につないだ興南－報徳学園（兵庫）が４位に入った。５位には97年、延長十回にサヨナラ負けした第79回大会準決勝の浦添商業－智弁和歌山の息詰まる投手戦。

その他、21世紀枠で出場した春の雪辱を果たした第83回大会１回戦（２００１年）の宜野座－仙台育英（宮城）や、左利き捕手など個性派ぞろいで注目された第82回大会２回戦（00年）の那覇－中京商業（岐阜）、全国の離島で初めて自力での甲子園出場を決めた第88回大会１回戦（06年）の八重山商工－千葉経大付など、全国でも話題を集めた名勝負が名を連ねた。

本書は２０１８年1月1日～10月12日掲載の同名の連載（全60回）をまとめたものである。特別編も含め、関連記事も一部収録している。掲載日と執筆者については巻末資料に掲げている。

肩書・年齢・記録などについては、すべて掲載時のままである。また、本文中の敬称は省略している。

沖縄タイムス・ブックレット20

球児たちの1世紀

夏の甲子園100回

まえがき

甲子園で沖縄県勢の試合が始まると、商店街でも、役場のロビーでも、いつの間にかテレビの前に人だかりができる。どこからか拍手が起こり、歓声が広がっていく。隣に立つ人とはその日初めて会ったのに、ずっと前から一緒に応援していたような気分になる。

２０１０年に春夏連覇した興南主将の我如古盛次さん(26)は、沖縄にとっての高校野球を「ハーリーやエイサーと同じ、沖縄の人にしか感じられないパワーがある」と語ってくれた。確かに、甲子園は沖縄にとって生活の一部だと思う。

18年、夏の全国高校野球選手権大会が１００回の節目を迎えるに当たり、これまで沖縄県勢が甲子園に刻んだ軌跡をたどりたいと考えた。連載「球児たちの1世紀―夏の甲子園１００回」は18年1月1日付の1面で始まり、10月12日付まで60回を数えた。

沖縄県民を熱狂させた名勝負、先人たちが築いた歴史、沖縄の球史を彩った名選手…。取材を進めるごとに、話を聞いてみたい人はどんどん増えた。本書に出てくる登場人物は、優に１００人を超える。正直に言うと、それでもまだ足りないぐらいだ。

１９５８年、首里が県勢として甲子園に初めて出場してから、ちょうど60年の節目だったことにも運命的なものを感じた。68年の興南旋風、78年センバツでの豊見城の8強進出、88年夏には、沖縄水産が同校初の準決勝に進んだ。そして２００８年春には、沖縄尚学が2度目のセンバツ優勝。「8」が付く年と沖縄は、何とも相性がよかった。

第1部の名勝負編では、当時の雑誌や映像とにらめっこし、試合の詳細を伝えるスコアを再現した。作業は難儀だったが、対戦相手に丸佳浩（千葉経大付）や松田宣浩（中京商）など、プロ野球で活躍している選手の名前を見つけると、うれしくなった。

本書には試合写真もたくさん掲載した。当時を思い出すきっかけになり、家族や親しい友人、初めて出会った人との話題になれば幸いだ。

登場する人たちの敬称は略し、年齢は掲載時のままにした。基本的に「県」は沖縄県を、「本島」は沖縄本島を指している。

（沖縄タイムス運動部記者・我喜屋あかね）

まえがき 8

第1部 名勝負

1990年 沖 水 0—1 天 理 なぜ…幻の同点打 12
2010年 興 南 13—1 東海大相模 優勝旗 沖縄に渡る 16
1991年 沖 水 8—13 大阪桐蔭 限界のエース 打線が援護 20
2010年 興 南 6—5 報徳学園 春の王者 挑戦者のみ込む 24
1997年 浦添商 0—1 智弁和歌山 心一つに「最高のゲーム」 28
2001年 宜野座 7—1 仙台育英 因縁の相手に雪辱 30
2000年 那 覇 2—1 中京商 個性派集団、初勝利 32
2006年 八商工 9—6 千葉経大付 驚異の粘り 大逆転 34

第2部 歩み

聖地初出場 1958年・首 里 沖縄勢初切符 36
初 勝 利 1963年・首 里 逆転 歓喜の渦 42
躍 動 1968年・興 南 初のベスト4進出 48
4強の壁 1975〜78年・豊見城 強豪県沖縄 全国が認識 52
躍進再び 1980〜83年・興 南 低迷から復活 58
旋風再来 1984〜91年・沖 水 連続出場、頂点目前へ 64

地域の力　2001年・宜野座／2006年八商工　初の夢舞台　70
春夏連覇　2010年　・興南　聖地で集大成　沖縄沸いた　74
壁を越えて　1982〜83年・北城ろう学校　「遥かなる甲子園」　76

第3部　勝利への道

補食重視　心身育む　本部　地域で支援　82
仲間と挑む　やえせ高等支援校の川上・原、南部商部員として出場　82
日本ウェルネス初参戦　創部1年目　初戦へ気合　86
シード校の挑戦　〝100回目の夏〟への思い　88

第4部　名選手

興　南　島袋洋奨　体力・直球磨き春夏連覇　89
沖縄高　安仁屋宗八　自力で出場　球児に自信　94
豊見城高　赤嶺賢勇　「沖縄の星」巨人へ入団　96
豊見城高　石嶺和彦　誇る強打　超高校級　98
興　南　仲田幸司　差別と闘った剛腕　100
沖縄水産　上原　晃　天性のバネ　剛速球　102
沖縄水産　平良幸一　投球術磨き　無欲の4強　104
沖縄水産　大野　倫　責任感　覚悟の773球　106
八　商　工　金城長靖　離島のハンディ　バネに　108
沖縄尚学　東浜　巨　頂点からどん底まで経験　110

中部商業　山川穂高　敗戦のくやしさバネに成長　112
番外編　沖縄高で安仁屋とバッテリー　粟國信光　平和世で野球　感謝　114

第5部　次の100回へ

県高野連の取り組み　競技会　強豪県の源　116
県外校の合宿誘致　強化へ元球児の思い　118
沖縄市事業　球児を支援　強豪校招き　刺激に　120
地域から甲子園　公立活躍　沸く地元　122
相次ぐ野球部新設　沖縄大会最多65校　124
「文部両道」で躍進　美里工の方針　126
垣根を越えて　中高の指導者集う　128
県外から沖縄に　本年度　3年生含め55人　130
海外から進学　台湾球児　沖縄で汗　132
エピローグ　沖縄と甲子園　我如古　つながる思い実感　134
おわりに　選手の数だけドラマ　137
執筆者・掲載日一覧　141
人名・学校名索引　145

第1部　名勝負

高校球児の夢舞台である夏の甲子園大会が今年（２０１８年）８月、１００回目の記念大会を迎える。優勝１回、準優勝２回の成績を誇る。沖縄の球児たちが聖地で繰り広げてきた名勝負を追う。

１９９０年　沖水０－１天理　なぜ…幻の同点打

初の決勝戦　何か違った

１９９０年、第72回全国高校野球選手権の決勝。０－１の九回裏2死二塁、沖縄水産の9番横峯孝之が放った矢のような打球は、天理の外野手の頭上を越す同点打となる、はずだった。だが内角高めの直球を捉えた打球は、背走する天理左翼手の小竹英己のグラブに吸い込まれ、二塁走者の大城剛は三塁を回って崩れ落ちた。悲願の夏頂点の夢はついえた。

八回まで沖水は何度も得点圏に走者を進めながら、天理のエース南竜次の前にあと1本が出ない。最終回も先頭の6番中村寿がフライアウト。この打席まで1安打の7番大城が「大好きなボール」と内角低めの直球を右翼線に弾き返して二塁に進んだ。８番城間修は「1発を狙うしかない。フォークが来て『もらった』と思ったら引っ掛けてしまった」と内野ゴロに打ち取られ、２死二塁となった。

しかし、次打者で1番の新里紹也は「完封負けなんてしたことない。絶対にどこかで点が入ると思っていた」と話す。沖水は準決勝までの5試合で計64安打。平均で7得点以上している。ナインに焦りはなく、９番横峯の打席を見つめていた。

ネクストバッターズサークルにいた新里は、その場面を今も鮮明に覚えている。「ライトもセンターもバックホーム態勢で前進守備だったのは見ています。でも、レフトだけ、どこにいたか分からない」

横峯が放ったライナー性の打球は、ラッキーゾーンのフェンス際まで飛ぶ完璧な当たりだった。だが、天理の

9回裏2死二塁、9番横峯孝之がレフトに強烈な打球を放つも、天理の左翼手に好捕され試合が終わった

小竹が差し出したグラブに落ちた。崩れ落ちた大城を抱きかかえた主将で三塁コーチャーの前川盛彦は「なんであんな所を守っていたのか。普通なら抜けている打球。この試合は何かがあったとしか思えない」と振り返る。

敗戦した理由について、当時の沖水ナインは「相手の天理は毎日天理教の神様を拝んでいるはず。こちらの御《ウ》願《グワン》不足《ブスク》だったと思うしかない」と口をそろえる。

無理にそう思う以外、説明が付かなかった。

右から左に吹く甲子園名物の「浜風」も、この日は違った。台風の影響で普段と反対の右翼方向への風に、九回の中村の大飛球も、横峯のレフトライナーも押し戻された。さらに決勝では、これまでの沖水には「あり得ない」（新里）ミスが何度も起こった。

「ここまで来た」自然に涙

当時の沖縄水産は県内で負けなし。甲子園でも、破竹の勢いで県勢初の決勝まで上り詰めた。だが1年生大会でコールド負けするなど、チーム発足時は栽弘義監督（故人）から「沖水始まって以来の落ちこぼれ軍団」とまで言われた。甲子園では「初戦突破」を目標に掲げ、宿舎では野球部を引退した後の話で盛り上がった。１回戦に勝った後は毎試合前、負けて帰ることを想定して荷物を

決勝 ▽1990年8月21日 甲子園 観衆 55000人

天理	打安点	1	2	3	4	5	6	7	8	9
(二) 寺川	4 1 0	中飛	……	三ゴ	……	左飛	……	……	左安	……
(遊) 大宅	4 0 0	三振	……	……	右飛	三邪	……	……	左飛	……
(中) 大森	3 0 0	三振	……	……	死球	……	三振	……	遊飛	……
(左) 小竹	4 1 0	……	遊ゴ	……	右2	……	三振	……	……	三振
(三) 大仲	3 0 1	……	遊ゴ	……	中犠	……	遊飛	……	……	遊ゴ
(一) 梅田	3 1 0	……	二ゴ	……	四球	……	……	左安	……	左飛
(右) 井上	2 1 0	……	……	二ゴ	投安	……	……	投犠	……	……
(投) 南	3 0 0	……	……	中飛	遊ゴ	……	……	捕飛	……	……
(捕) 柴田	3 1 0	……	……	中安	……	遊ゴ	……	……	投ゴ	……
計	29 5 1	振5球2犠2盗0失2								

		1	2	3	4	5	6	7	8	9
天理	1	0	0	0	1	0	0	0	0	0
沖水	0	0	0	0	0	0	0	0	0	0

沖水	打安点	1	2	3	4	5	6	7	8	9
(三) 新里	4 1 0	一ゴ	……	左安	……	一ゴ	……	三振	……	……
(中) 屋良	3 2 0	左安	……	投犠	……	左2	……	右飛	……	……
(一) 永田	3 0 0	投犠	……	遊ゴ	……	三ゴ	……	……	三直	……
(投) 神谷	4 1 0	中安	……	……	三振	……	中飛	……	三ゴ	……
(右) 大野	4 0 0	捕ゴ	……	……	二失	……	二失	……	二ゴ	……
(捕) 中村	4 0 0	……	三振	……	三ゴ	……	投ゴ	……	……	左飛
(左) 大城剛	4 2 0	……	三ゴ	……	左2	……	三振	……	……	右2
(遊) 城間	4 1 0	……	遊ゴ	……	一ゴ	……	……	中安	……	三ゴ
(二) 横峯	4 1 0	……	……	一ゴ	……	遊ゴ	……	左安	……	左飛
計	34 8 0	振4球0犠2盗0失0								

投手	回	打安振球責
南	9	36 8 4 0 0
神谷	9	33 5 5 2 1

▽二塁打 小竹（天）大城2、屋良（沖）
▽失策 寺川2（天）
▽審判 （球）三宅、永野、広沢、相沢
▽試合時間 1時間47分

まとめた。

迎えた決勝の日も、選手に気負いはなかった。だが、球場は5万5千人の大観衆で超満員。独特の雰囲気が漂う中、新里紹也は「あり得ないことが何度も起こった」と振り返る。

最初に先制の好機を迎えたのは沖水だった。初回、1死から2番屋良景太が出塁し犠打で2死二塁に。「普段なら、走者がアウトになっても絶対にホームまで走らせる場面」と新里。だが4番神谷善治の中前打で塁を蹴った屋良を、主将で三塁コーチャーの前川盛彦は「打球が速くて、思わず止めてしまった」。結局、本塁への返球はわずかにそれて好機を逃すと、続く打者も打ち取られた。

攻撃パターンも崩れた。走者を犠打で二塁に進める堅実な野球で勝ち上がり、終わってみれば大会記録に並ぶ26犠打を決めた沖水。

決勝では、四、六回に5番大野倫が敵失で出塁するも、中村寿が犠打を2度失敗して次の塁に進めない。七回には先頭の8番城間修が中前打で出塁したが、次打者の横峯孝之がバントのサインで2度、ボールを見送った。「1球目からバントだと思った。『早く行きたい』としか考えてなかった」という城間が飛び出し、一、二塁間で挟殺。直後の横峯の左前打も得点に結びつかず、チーム発足以来、初の完封負けを喫した。

深紅の大優勝旗には届かなかった。前川は甲子園大会を見るたび「あの時、回しておくべきだった」と悔やむ。当時のビデオを今も見る事ができないという中村は「あのバントが一つでも成功していれば、流れは来たはず。勝っていたでしょうね」

それでもエース神谷は決勝まで4連投。決勝は四回の犠飛での1失点のみ、被安打5に抑えた。打線も8安打と、息詰まる接戦を展開した。天理の橋本武徳監督（当時）はマスコミのインタビューに「試合に負けて勝負に勝った」とコメント。沖水の部長だった當銘和夫さんは、試合後に「終わったね」と穏やかにつぶやいた栽監督の表情を今も覚えているという。

最終回、崩れ落ちた二塁走者の大城を三塁コーチャー前川が抱きかかえた場面は、多くの県民の記憶に刻まれた。45歳になった大城はあの涙を「悔しいというより、だれも『優勝しよう』と言ってなかったのにここまで来られたんだと、自然とあふれた」と思い出す。前川は「全部を出し切り、本当にいい経験だった。甲子園の決勝は、他の試合とは違う特別な場所。全ての球児が目指す舞台だと思う」とエールを送った。

初の準優勝を成し遂げグラウンドを1周する沖水ナイン＝1990年8月21日、甲子園球場

２０１０年　興南13－1東海大相模

優勝旗　沖縄に渡る

前年の初戦敗退　糧に進化

「全員で、日本一長い夏」―。２０１０年、夏。興南高校のグラウンドの片隅に、いつしかこんな言葉が書かれていた。野球部のホワイトボードに誰が書いたのかは分からない。それでも、その言葉を疑う部員は誰一人いなかった。

その年の第92回全国高校野球選手権決勝。相手は好投手・一二三慎太を擁する東海大相模（神奈川）だ。沖縄勢の初優勝を見ようと、甲子園球場には、午前8時10分の時点で５６５０人が並び、9時には満員通知が出るほど多くのファンが詰め掛けた。待ちに待った夏制覇。興南ナインは春夏連覇の偉業を成し遂げ、深紅の大優勝旗が初めて海を渡った。

だがその1年前、甲子園球場はナインにとって苦い思い出の場所だった。春夏連続出場を果たしたが、ともに初戦敗退した。

センバツは、エース島袋洋奨が富山商から19奪三振と好投するも、完封負け。夏の甲子園では明豊（大分）にサヨナラ負けを喫した。主将の我如古盛次は「甲子園に行けるけど勝てず、レベルの差を感じた。主将に任命され、何か変えないといけないと思った」と振り返る。

2大会を合わせても、打線はわずか9安打。「洋奨という好投手がいるのに、打撃が良くならないと勝てない」。冬に体幹を鍛え、1日千スイングのノルマを課して鉄パイプやホースも使い、振り込んだ。マシンの１５０キロの速球を打ち返し、逆方向への強い打撃を打つため、コンパクトなスイングを徹底させた。

猛練習の成果は10年春、県勢3度目のセンバツ優勝に結実した。センバツが最後の大会となった大湾圭人は「当時は、まず1勝としか考えていなかった」と明かす。だが智弁和歌山や帝京（東京）、大垣日大（岐阜）など強豪校を次々と破り、決勝では日大三（東京）に延長十二回の激戦の末、10－5で逆転勝ちを収めた。

打線は決勝までの全試合で2桁安打をマーク。チーム打率は3割3分2厘で全63安打中、センターから逆方向

春夏連覇を果たし、笑顔でアルプスに駆け出す興南ナイン。深紅の大優勝旗が初めて海を渡った＝2010年8月21日、甲子園球場

への打球は48本を占めた。我喜屋優監督は「甲子園には魔物がいる。雰囲気、風、芝。ナインが敗戦から学んでいった」。〝春夏連覇〟の重圧の中で迎えた夏の大会でも、「まずは目の前の1勝」と地に足を着け、投打に完成された野球で決勝まで上り詰めた。

　超満員となった甲子園球場。だが興南ナインにとっては、その日もいつも通りの朝だった。恒例の朝の散歩に、1分間スピーチ。球場に到着しても、捕手の山川大輔は「グラウンドに入った時から、球場は興南のホームのような雰囲気。緊張はなかった」と話す。そして午後1時1分、歴史的な一戦が幕を開けた。

半世紀の夢　うちなー熱狂

　2010年8月21日。県勢初めての夏制覇を懸けた大舞台に興南ナインが立った。午前9時には満員通知が出され、4万7千人の大観衆が詰め掛けた甲子園球場。主将の我如古盛次は「グラウンドに入った瞬間、東海大相模（神奈川）の三塁側まで興南カラーのオレンジ色が見えた。おー、決勝なんだなって」。自然と胸が高鳴った。

東海大相模とは、5月の招待試合で対戦して逆転負け。相手エースの一二三慎太はここまで全試合をほぼ1人で投げ抜き、チームを決勝まで押し上げた大会屈指の好投手だった。捕手の山川大輔は「(相手には)いい打者もそろう。投手戦になる」と覚悟。我如古も「1点勝負になる。長引くな」と予想した。だが我喜屋優監督には確信があった。「一二三のスライダーを打てれば、島袋(洋奨)の方が上だ」

試合は四回に動いた。1死一塁からエンドランを仕掛け、6番山川の中前打で二、三塁。続く伊禮伸也の中前適時打で先制した。

明暗を分けたのは、この後のプレーだ。再び一、三塁の好機を迎え、8番島袋洋奨のサインはスクイズ。1ボール1ストライクの3球目で外され、三走の山川が三本間で挟まれた。だが、相手捕手・大城卓三(現巨人)の三塁悪送球で山川が生還した。

流れを一気に引き寄せた。我如古が「ミスが出ると勢いづく」というように、この回打者11人の猛攻で7得点。「好投手は全員でつぶしに掛かるのがうちの野球。徹底して逆方向を狙った」(山川)と五回にも1点を追加。極めつけは、六回無死一、二塁、3番我如古が初球のスライダーを左翼席に運ぶ特大の3点弾で大量点。試合を

6回裏興南無死一、二塁、我如古盛次が左越え3点本塁打を放ち、優勝をほぼ手中にする＝2010年8月21日、甲子園球場

決定づけた。

　連投の主戦島袋も、前日の報徳学園（兵庫）戦とは一転、変化球主体の投球で1失点完投の出来。最後の打者は「ベストのボール、真っすぐで三振を取りたかった」（山川）と、120球目の内角高めの直球で空振り三振に仕留めた。先発全員安打の大勝。19安打、12点差はどちらも決勝戦での大会史上3番目の数字だ。初優勝、史上6校目の春夏連覇は、沖縄の強さを全国に見せつけた。

　勝利インタビューで我如古が発した「沖縄県民で勝ち取った優勝です」の言葉に、島が湧いた。球場には相手スタンドも巻き込んだウェーブが起こり、ナインが凱旋《がいせん》した那覇空港には4500人、興南高での優勝報告会には3千人が詰め掛けた。

　県立・博物館美術館で行われた、紫紺と深紅の大優勝旗がそろった展覧会には開催から5日間で2万人、最高で1日に9890人が訪れた。首里高が1958年に初出場してから、およそ半世紀。ついに海を渡った大優勝旗は県民を熱狂の渦に巻き込んだ。

　あれから約8年。県勢は興南と沖縄尚学の8強が最高で、決勝から遠のく。我如古は「一県民として、もう一回その感動を味わいたい。当時を振り返りながら、ぜひアルプススタンドで見たいですね」。その日を心待ちにしている。

決勝　▽2010年8月21日　甲子園　観衆　47,000人

東海大相模	打安点	1	2	3	4	5	6	7	8	9
（右）渡辺	420	中安	……	左安	……	三振	……	投ゴ	……	……
（左）伊集院	300	一犠	……	左飛	……	……	二ゴ	……	遊ゴ	……
（二）田中	310	四球	……	一ゴ	……	……	二安	……	遊ゴ	……
（捕）大城卓	410	二併	……	……	中飛	……	左飛	……	中安	……
（投）一二三	310	……	左安	……	三ゴ	……	三振	……	……	……
投　江川	110	……	……	……	……	……	……	……	右安	……
（三）福山	300	……	投犠	……	左飛	……	……	一直	三振	……
（遊）染谷	300	……	中飛	……	……	一ゴ	……	一ゴ	……	……
打　清田	100	……	……	……	……	……	……	……	……	三邪
（一）大城建	420	……	……	二ゴ	……	中安	……	中安	……	一ゴ
（中）伊地知	211	……	……	死球	……	左飛	……	左安	……	……
打　宮崎	100	……	……	……	……	……	……	……	……	三振
計	3291	振4球2犠2盗0残8失2併2								

東海大相模	1＝	0	0	0	0	0	0	1	0	0
興南	13＝	0	0	0	7	1	5	0	0	×

興南	打安点	1	2	3	4		5	6	7	8
（二）国吉陸	420	遊ゴ	……	死球	中安	……	……	左安	二直	……
（中）慶田城	442	左安	……	一犠	右3	……	……	右安	中安	……
（三）我如古	434	四球	……	三ゴ	二安	……	……	左本	左安	……
（一）眞榮平	411	遊飛	……	……	四球	右3	……	中飛	三振	……
（右）銘苅	510	遊ゴ	……	……	投ゴ	三振	……	左2	……	左飛
（捕）山川	520	……	遊ゴ	……	中安	……	一飛	遊ゴ	……	左安
（左）伊禮	432	……	三振	……	中安	……	中2	右3	……	……
打左　安慶名	100	……	……	……	……	……	……	……	……	三振
（投）島袋	411	……	一ゴ	……	二ゴ	……	遊ゴ	右安	……	……
（遊）大城	422	……	……	一ゴ	左安	……	遊安	三ゴ	……	……
計	341912	振4球3犠1盗1残6失1併1								

投手	回	打安振球責
一二三	6	3616 2 3 11
江川	2	7 5 5 2 1
島袋	9	36 9 4 2 0

▽本塁打　我如古（興）▽三塁打　慶田城、眞榮平、伊禮（興）▽二塁打　伊禮、銘苅（興）▽盗塁　慶田城（興）▽犠打　伊集院、福山（東）慶田城（興）▽失策　大城卓2（東）、慶田城（興）▽捕逸　山川（興）
▽審判　（球）古川、窪田、西貝、小谷
▽試合時間　1時間56分

1991年　沖水8－13大阪桐蔭

限界のエース　打線が援護

大舞台　雪辱へ一丸

前年果たせなかった「県勢初の頂点」が再び目の前に迫っていた。1991年8月21日、沖縄水産ナインは2年連続で決勝の舞台に立った。

観衆5万5千人。割れんばかりの大歓声が甲子園球場を包む。相手は、地元から初出場で勝ち上がった大阪桐蔭。創部4年目の若いチームは、準々決勝で帝京（東京）を11－2で破ると、準決勝では松井秀喜が4番に座る星稜（石川）に7－1と圧勝。破竹の勢いで決勝の舞台に躍り出た。

一方の沖水は、右ひじの痛みに耐えながら気迫と意地で投げ続けるエース大野倫と、それを集中打と堅守で支える「結束力」で勝ち上がってきた。派手な大勝はなし。1回戦から4－3（北海道・北照）、6－5（高知・明徳義塾）、7－5（山口・宇部商業）、6－4（福岡・柳川）、7－6（鹿児島実業）と、いずれも僅差で逃げ切ってきた。

主将の屋良景太は「準決勝の後、インタビューで『明日は20点以上取られないようにしたい』と話した。ふざけたように聞こえるけど、本当にそう思っていた」と振り返る。それほど、エースの右腕は限界だった。

中盤以降、極端に球威が落ち、一気に打ち込まれるパターンは県大会前から続いていた。「1年の後半から2年の始めまでは絶好調で、140キロは出ていたと思う。あの倫が、なぜここまで打たれるのかと不思議だった」。3年間、大野の球を受けてきた捕手の平野伸一は明かす。

甲子園切符を懸けた県大会でも投手から崩れる苦戦が続き、選手の間にはエースに対する不信や疑問もあったという。それでも「甲子園」という揺るがない夢に、チーム一丸でたどりついた。

県勢初の栄冠まであと1勝。「決勝戦はもう、ここまで来たんだから勝っても負けても楽しもうや、という感じだった」と平野。痛いと口にもせず投げ続ける大野を、栽弘義監督は支え続けた。「大野は点を取られる。5点取られたら、6点取ればいい」。そう選手にハッパをかけた。

事実、決勝は大阪桐蔭16安打、沖水13安打という球史に残る打撃戦となった。

右ひじの痛みに耐え、6試合773球を1人で投げ抜いた沖水の大野倫＝1991年8月21日、甲子園球場

初回、大阪桐蔭は先頭打者が出塁し、4番打者の本塁打で2点先制。大会で初めて初回に失点した沖水はすぐ反撃に出る。二回表に1点。三回表、ここまで何度も窮地を乗り越えてきた集中打線が一気に火を噴いた。

1死後、打席に立った1番屋良はカウント2－2から「好きなインコース。助かった」とピッチャー前にたたきつける当たり。打球はバウンドして投手の頭を超え、センター前に転がった。犠打で2死二塁とした後、3番具志川和成、4番大野、5番仲村雅仁、6番吉田宗市、7番野原毅が初球狙いも含めた攻撃で長打3本を含む5連続安打。一挙5点を返し、6－2と逆転した。

球場が大興奮と熱狂の渦に包まれる中、マウンドに立ち続ける大野は「決勝は、自分が自分じゃない感じでよく覚えていない。放心状態で、ひたすらミットを見て投げていた」。そんな苦しい投球を、大阪桐蔭打線が見逃すはずはなかった。

連続準V　宝物の夏

沖縄水産が集中打で6－2とした三回裏から、大阪桐蔭の反撃が始まった。2死一、二塁から三塁打で2点を失うと、7－4で迎えた五回裏に一つの転機が訪れる。打ち取ったはずのセカンドゴロを二塁手が一塁に送球エラー。無死の走者が出た。

　エース大野倫は「守りは堅かったから『えっ？』と思った。『試合が動くな』と」。不安は的中。そこから大阪桐蔭打線に長短6安打を浴び6失点。7－10と突き放された。マウンドに集まった仲間に笑顔でポンと肩をたたかれた大野は、頬を大きく膨らませ大きな息を吐いた。だが勝利は遠かった。

　沖水は8－13で敗れた。大阪桐蔭の13点目はスクイズ。沖水ナインは「ここでスクイズか」と声を荒らげたという。それほど、沖水の集中打は相手にとって脅威だったのだ。

　2年連続の準優勝。夢は果たせなかった。それでも「最終回、打席に入ると、球場に〝大野コール〟が沸き起こったのはよく覚えている。うれしかったね」。

　壮絶な戦いを終え、報道陣に囲まれた大野は「点を取ってくれたのに、逆転されて申し訳ない」。声を詰まらせ、涙を流した。長い長い夏が終わった。

　沖縄に帰った翌日、大野の右腕は「疲労骨折」「剥離骨折」と診断された。剥がれた骨片を取り除く手術を受け、リハビリも入れて全治に1年を費やした。

　当時、エースの腕の状態をだれも詳しく知らなかった。期間中、同部屋だった捕手の平野伸一は「夜中、倫は痛さで『うー…』とうめいていた。最後はフラフラだったし、もうとにかく低め、低めにと指示した」。主将の屋良景太も「4連投で、疲れも痛みもあるだろうとは思っていたが、みんな必死だった」と振り返り、続けた。「もし折れていると分かっていたら、どうなっていたのか」。

準優勝盾を持つ屋良景太主将を先頭に球場内を１周する沖縄水産ナイン＝ 1991 年 8 月 21 日、甲子園球場

がむしゃらに頂点を目指したナインには「前年準優勝」のプレッシャーも、重く、重くのしかかっていた。『今年は優勝だね』って、みんな簡単に言うんですよね」。773球を投げ抜いた大野は苦笑し「大会で一番、印象に残っているのは、準決勝の鹿児島実業戦」と打ち明ける。

鹿実とは春のセンバツを懸けた前年秋の九州大会で延長十四回を戦い、7－8で敗れていた。雪辱に燃えた甲子園の準決勝も、終盤に追い上げられた。7－6と詰め寄られ、九回裏2死二、三塁のピンチ。大野は「1本出ればサヨナラ。緊張したが、とても集中していた」と最後の打者を右飛に仕留めてゲームセット。マウンドで跳び上がって喜んだ。決勝進出を決め、「これで先輩に並んだ」

2度目の準優勝という快挙を成し遂げ、興奮と感動を与えた沖水ナインは今も連絡を取り合い、定期的に集まっている。忘れられない夏を共に過ごした思い出は人生の宝物だ。大野は「野球が好き。ただそれだけ」と笑顔を浮かべる。

一方で、連投に対し、大会運営や監督采配などに批判や疑問も沸き起こった。育ち盛りの高校生の心身に配慮し、休養日を設けるなど制度変更の動きも出てきた。今夏の地方大会からは全国一律でタイブレーク制が導入されるなど改革は続いている。

高校野球の功罪を浮き彫りにした全国の球史に名を残す一戦は、今も県民の心に深く刻まれている。

決勝　▽1991年8月21日　観衆55000人

沖縄水産		打安点	1	2	3	4	5	6	7	8	9
(中)	屋良	410	三振	……	中安	投犠	……	中飛	……	左飛	……
(遊)	仲程	410	遊飛	……	投犠	右失	……	遊ゴ	……	右安	……
(一)	具志川	411	遊ゴ	……	中安	一犠	……	……	三振	三振	……
(投)	大野	521	……	三振	中安	右飛	……	……	左安	……	遊ゴ
(左)	仲村	531	……	中安	中3	……	一ゴ	……	左安	……	二ゴ
(二)	吉田	422	……	投失	左2	……	三振	……	中安	……	……
二	玉城	100	……	……	……	……	……	……	……	……	遊ゴ
(右)	野原	412	……	二ゴ	右2	……	二ゴ	……	捕邪	……	……
右	知念	000	……	……	……	……	……	……	……	……	……
(捕)	平野	400	……	三振	三振	……	……	三振	三振	……	……
(三)	上地	420	……	……	二ゴ	右2	……	中安	……	二ゴ	……
三	小川	000	……	……	……	……	……	……	……	……	……
	計	39137	振9球0犠3盗0残7失2併0								

		1	2	3	4	5	6	7	8	9
沖縄水産	8＝	0	1	5	1	0	0	1	0	0
大阪桐蔭	13＝	2	0	2	0	6	2	0	1	×

大阪桐蔭		打安点	1	2	3	4	5	6	7	8	9
(中)	玉山	510	左2	……	三ゴ	……	二失一ゴ	……	三振	……	……
(遊)	元谷哲	420	投犠	……	右安	……	投安	投ゴ	左飛	……	……
(左)	井上	500	捕邪	……	中飛	……	投ゴ	三ゴ	……	二失	……
(右)一	萩原	332	右本	……	四球	……	右安	四球	……	中安	……
(二)	沢村	446	左安	……	左3	……	中2	右3	……	三犠	……
(一)	光武	200	三振	……	三振	……	……	……	……	……	……
打	正野	100	……	……	……	……	遊ゴ	……	……	……	……
右	元谷信	221	……	……	……	……	……	左安	……	投安	……
(捕)	白石	412	……	三ゴ	……	中飛	中安	左飛	……	投犠	……
(三)	足立	510	……	三振	……	遊ゴ	左2	……	左飛	中飛	……
(投)	和田	312	……	中飛	……	三振	中2	……	……	……	……
投	背尾	110	……	……	……	……	……	……	右安	……	……
	計	391613	振5球2犠3盗4残7失2併0								

投手	回	打安振球責
大野	8	4416528
和田	61/3	3312706
背尾	22/3	91200

▽本塁打　萩原（大）▽三塁打　仲村（沖）沢村2（大）▽二塁打　玉山、沢村、足立、和田（大）吉田、野原、上地（沖）▽犠打　仲程、屋良、具志川（沖）元谷哲、沢村、白石（大）▽盗塁　沢村、元谷哲、萩原、元谷信（大）▽失策　吉田2（沖）和田、萩原（大）▽審判　（球）永野、布施、田中、清水幹▽試合時間　2時間40分

２０１０年　興南６－５報徳学園

春の王者　挑戦者のみ込む

「崖っぷち」も焦りなく

「崖っぷち」―。２０１０年８月20日第92回大会準決勝の報徳学園（兵庫）戦、興南の我喜屋優監督は、試合後のインタビューで報道陣にそう答えた。主戦の島袋洋奨が連打を浴び、序盤で大量失点。スコアボードに刻まれた「５」の数字が、史上６校目の春夏連覇、そして悲願の県勢初優勝を狙うナインに重くのしかかっていた。

相手は地元兵庫の名門。島袋の調子は決して悪くなかった。直球も走り、変化球もキレがあった。だが、捕手の山川大輔が「報徳野球は足が速く、粘り強い」と話すように、機動力がエースを苦しめた。初回に１失点。二回はバントエンドランに三盗を決められ、島袋の制球が乱れた。２者連続で四球を与え１死満塁。続く打者は三振で切り抜けたが、ここから連打を浴びこの回４点を失った。

「序盤で５点も取られるなんて想像もつかなかった」と山川。ほとんどの試合を先制で勝ち上がった興南にとっては予想外の展開だ。それでも、ベンチに戻った主将の我如古盛次は、スコアボードを見て「ここから１点ずつ取れれば余裕だな」と一言。山川も「逆に開き直れた。思い切りやろう」。焦りはなかった。

島袋が三、四回と無失点に抑えて迎えた五回、潮目が変わった。先頭の８番島袋が二遊間を抜く中前打で出塁した。初回以来となる無死からの走者だ。続く大城滉二の内野ゴロが三塁手の二塁悪送球を誘い、一、三塁と好機を迎えた。

１番国吉大陸が三振に倒れるも、大城の二盗で二、三塁。ここまで１安打１死球の慶田城開が打席に立った。「記憶がない。何を打ったのかも覚えていない」。ベンチの声も、アルプススタンドから流れてくる応援歌すらも耳に入ってこないほど、集中していた。

打ったのは３球目の変化球だ。矢のような打球は三塁手を強襲。グラブを弾いてレフト前に転がり、左翼手もファンブルした。隙を逃さず二走の大城が捕手のタッチをかわして生還。さらに我如古の中前打で加点し、一気に3点を奪った。

　春の王者・興南が、挑戦者の報徳をのみ込んでいく。我喜屋監督は、自身が出場した42年前の夏の甲子園を思い出していた。県勢で初めて4強入りを果たし、日本中に〝興南旋風〟を巻き起こしたあの夏。準決勝では「前半に相手ペースになり、呼び戻せなかった。力の差はなかったが、野球のテクニックで負けた」と興国（大阪）に0－14で大敗していた。だが、教え子たちは違った。「誰も気後れせず、5点リードをされても、興南の野球をすれば追いつける。本当に沖縄は強くなった」

　攻撃はやまず、六回にも無死から5番銘苅圭介が内野安打で出塁。続く打者がスリーバント失敗で倒れたが、銘苅が二盗を決め、島袋の左前打で1点を奪った。その裏、報徳の1番打者の左中間深くを破る当たりを、中堅手・慶田城、遊撃手・大城の中継で、三塁手我如古が打者走者を三塁でタッチアウトにするファインプレー。勢いは譲らず、〝5〟もあった点差はいつしか1点まで縮まっていた。

悩める主砲　意地の逆転打

　興南の主砲、眞榮平大輝は悩んでいた。メンバー入りした18人の平均身長が173センチと小柄な中、179センチ、80キロの体格で不動の4番。1年前の夏、翌春と甲子園で本塁打を放ち、夏の県大会では打率3割7分5厘の活躍。だが甲子園に入ってからは、準々決勝まで17打数3安打と絶不調に陥った。「フォームすら分から

6回、左中間を破る長打で三進を狙った打者走者を、中堅手慶田城開、遊撃手大城滉二の中継プレーで三塁手我如古盛次が封殺。勢いは譲らなかった

なくなっていた。今までで一番悪い状態だった」

　準決勝の報徳学園（兵庫）戦でも突破口をつかめずにいた。初回は1死一、二塁で併殺に倒れ、三回も2死満塁で二ゴロに打ち取られた。3得点した五回にも1死一塁で二ゴロ。一塁への必死のヘッドスライディングもアウトとなり、併殺で追加点はならず。滑り込んだ体勢のまま右手で地面をたたき、悔しがった。

　七回、4度目の打席が回ってきた。この回、先頭の国吉大陸が中前打で出塁。続く慶田城開が犠打で送り、我如古盛次の右中間を破る三塁打で同点に追いついていた。「(島袋) 洋奨も頑張ってて、みんながチャンスをつくってくれた。返すしかない」。ずっと責任を感じていた。我喜屋優監督の指示で、4番に座って初めてバットを短く持った。詰まりながら打った打球は前進守備の二塁手の横を抜けた。目覚めた主砲の一振りでついに逆転に成功。エース島袋洋奨も報徳の反撃をかわし、決勝進出を決めた。

　逆転打の眞榮平の打席には伏線がある。慶田城が犠打を決め、ベンチに帰る途中、一塁側の報徳ベンチに目をやった。「ベンチ裏で1年生投手がキャッチボールをしているのが見えて『次打たれたら行くぞ』と聞こえた」。我喜屋監督や記録員の大湾圭人に伝え、大湾は「初球は

準決勝　▽2010年8月20日　観衆46000人

興南		打安点	1	2	3	4	5	6	7	8	9
(二)	国吉陸	520	左安	……	二失	……	三振	……	中安	遊ゴ	……
(中)	慶田城	322	右安	……	死球	……	左安	……	投犠	……	二飛
(三)	我如古	542	一ゴ	……	右安	……	中安	……	中3	……	右安
(一)	眞榮平	411	投併	……	二ゴ	……	二併	……	中安	……	三犠
(右)	銘苅	520	……	三飛	……	二ゴ	……	三安	三安	……	三振
(捕)	山川	400	……	三ゴ	……	右飛	……	三振	右飛	……	……
(左)	伊禮	400	……	二ゴ	……	二ゴ	……	二ゴ	一飛	……	……
(投)	島袋	421	……	……	三ゴ	……	中安	左安	……	捕邪	……
(遊)	大城	400	……	……	一直	……	三失	一ゴ	……	一ゴ	……
	計	38136	振3球1犠2盗2残8失2併0								

		計	1	2	3	4	5	6	7	8	9
興南	6	=	0	0	0	0	3	1	2	0	0
報徳学園	5	=	1	4	0	0	0	0	0	0	0

報徳学園		打安点	1	2	3	4	5	6	7	8	9
(中)	八代	430	中安	四球	……	中安	……	中2	……	……	二ゴ
(二)	谷	310	投犠	三振	……	四球	……	左邪	……	……	右安
(三)	中島	524	右安	左3	……	中飛	……	……	二ゴ	……	三振
(一)	越井	511	三振	右安	……	三振	……	……	左飛	……	三振
(捕)	森田	310	死球	右飛	……	……	一飛	……	左安	……	……
(右)	浦崎	300	三振	……	右飛	……	四球	……	二ゴ	……	……
(左)	木下	420	……	中安	中安	……	投ゴ	……	……	三振	……
(投)	大西	200	……	投犠	三振	……	左飛				
投	田村	100	……	……	……	……	……	……	……	三振	……
(遊)	長谷場	300	……	四球	……	三振	……	三振	……	三振	……
	計	33105	振12球5犠2盗3残8失2併2								

投手	回	打安振球責
島袋	9	40101255
大西	6 1/3	3010215
田村	2 2/3	113100

▽三塁打　中島（報）我如古（興）
▽二塁打　八代（報）
▽犠　打　谷、大西（報）慶田城、眞榮平（興）
▽審　判　（球）田中、堅田、林、大槻
▽試合時間　2時間5分

100パーセントストレート。初球で思い切り振っていけ」と眞榮平にアドバイス。我如古に三塁打を浴びた直後、報徳は2番手の1年生投手にスイッチし、眞榮平は助言通りに初球の直球をはじき返した。

　慶田城が「他の人でも自分と同じような事をした」と話すように、ベンチもスタンドも、全員で1点を取りに行く結束力があった。中でも、我喜屋監督が「最高の活躍をした」とたたえたのは、三塁コーチャーの国吉大将

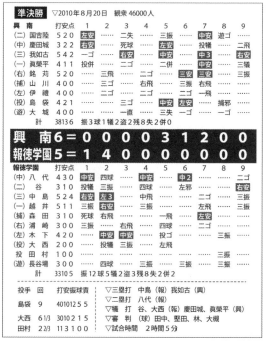

だ。

１年前の秋まで二塁手で先発だったが、後輩の大城滉二が頭角を現し、三塁コーチャーとして生きると決めた。「ホームに帰れるかはコーチャーの腕に掛かっている」。基本を徹底的にたたき込み、試合前のノックや他校の試合観戦時にはストップウオッチで捕球から送球までのタイムを計算した。瞬時に判断する力を養うため、買い物の際は即決するなど、私生活から感覚を研ぎ澄ませた。

そして迎えた聖地での夏。本塁でのアウトはほとんどない。五回の大城の２点目、慶田城の３点目も、いずれもぎりぎりのクロスプレーだ。慶田城は「大将がずっと腕を回していた。あいつが回すのはみんなが信じているので」

ナイン一人一人の信頼が５点差を返す逆転勝利につながり、悲願の夏頂点に結びついた。現在も同学年の部員全員で連絡を取り、近況を報告し合う。聖地でより強固となった絆は、これからもずっと続いていく。

７回表興南１死三塁、眞榮平大輝が勝ち越しの中前適時打を放つ＝２０１０年８月20日、甲子園球場

１９９７年　浦添商０－１智弁和歌山　心一つに「最高のゲーム」

勝敗を分けたのは、たった1本の犠牲フライだった。１９９７年8月20日、第79回全国高校野球選手権大会準決勝。初の4強に進んだ浦添商業は、同大会6度目の延長戦に突入した。相手は強打を誇る伝統校・智弁和歌山。主戦上間豊は九回まで１２１球を投げ、被安打7で無失点に抑えていた。

だが十回1死から2者連続安打で一、三塁。さらに、ここまで無安打の4番打者への投球は3球連続で外れ、バッテリーは満塁策を選択した。次打者への初球、智弁和歌山の高嶋仁監督が出したサインはスクイズ。捕手の下地昌樹が「スクイズが頭にあったら外していた」と振り返るように、予想外のプレーだった。

しかし、勝負はまだ決まらない。このスクイズはファウルとなり、得点ならず。1ボール2ストライクの4球目、甘く入った上間のスライダーは弾かれ、弧を描いてセンターへ。中継がそれ、タッチアップで本塁を狙った三走が生還。スコアボードに初めて「1」が点灯し、２時間34分の激戦は幕を閉じた。

上間が最後に投じた１４１球目は、この日唯一の失投だった。準々決勝まで、浦添商は47安打、智弁和歌山も53安打でともに35点を挙げ、打撃戦が予想された。上間は肩に張りがあり、前日の準々決勝は登板を回避。準決勝当日も「暑さでボーッとして、途中途中の記憶がない」という。

満身創痍《そうい》の状態にも、上間は「低めに集めれば大丈夫。守備が良く、内野に打たせることを考えた」。初回から何度も走者を背負ったが、１３０キロ台の直球とスライダーで断ち切り、三塁に走者を背負った九回は六つ目の三振で延長に持ち込んだ。「ここまで来るとは誰も思っていなかった。完全燃焼」。後悔があるとすれば、犠飛を打たれたスライダーだ。「三振が取れるかもと欲が出て、力が入った」

浦添商も8安打を放ち、得点圏に何度も走者を進めたが、あと1本が出なかった。「あの試合は勝てる展開だった。監督の器の差」と盛根一美監督（当時）は振り返る。一、三塁の場面でもスクイズのサインを出さなかったことに「前の試合で『サインがばれてるのか?』と思うぐらい外された。勇気がなかった」と悔やむ一方、センバツ初戦敗退から夏4強入りの躍進を「ナインとベンチが一つになった。投攻守、トータルで最高のゲームができた」と大きくうなずいた。

2008年夏、当時のナインが再び甲子園に集った。その年のセンバツを制した沖縄尚学を破って浦添商が出場。主将の上原健吾は、部長としてベンチ入りした。準決勝のアルプススタンドに駆け付けた下地は「『向こうのベンチはあんな感じだったな』とか。懐かしかった」と目を細める。上原は「甲子園に行き、指導者としても思いが強くなった」。現在は具志川商業で監督を務め、甲子園出場を目指し指揮を執る。

力投した上間も「お客さんとして見ると、全然感覚が違った」と11年ぶりの聖地を存分に楽しんだ。浦添商は2度の4強を含め、夏は4度出場し10勝を誇る。「浦商は甲子園に出ると強いんです」。後輩たちの活躍が、今も何よりの楽しみだ。

エース上間豊は9回まで無失点に抑える好投。141球を投げ抜いた＝1997年8月20日、甲子園球場

準決勝　▽1997年8月20日　観衆　39000人

浦添商		打安点	1	2	3	4	5	6	7	8	9	10
(右)	沢　岻	4 1 0	二飛	……	四球	……	遊併	……	……	左安	左飛	……
(中一)	前　川	3 0 0	三振	……	三振	……	……	左飛	……	一犠	……	四球
(遊)	下地康	4 0 0	遊ゴ	……	……	二邪	……	遊ゴ	……	三ゴ	……	投犠
(三)	新　垣	4 1 0	……	遊ゴ	……	中2	……	三振	……	四球	……	三ゴ
(左)	渋　谷	4 0 0	……	三ゴ	……	四球	……	……	三ゴ	右飛	……	投飛
(一)	赤　嶺	2 0 0	……	三ゴ	……	一邪	……	……	……	……	……	……
一	上　地	0 0 0	……	……	……	……	……	……	……	……	……	……
打	根　間	1 0 0	……	……	……	……	……	……	一邪	……	……	……
一	上　原	0 0 0	……	……	……	……	……	……	……	……	……	……
打	宮　城	1 0 0	……	……	……	……	……	……	……	……	一飛	……
中	佐久川	0 0 0	……	……	……	……	……	……	……	……	……	……
(二)	島　袋	4 2 0	……	……	三ゴ	……	中飛	……	中安	……	三安	……
(投)	上　間	4 3 0	……	……	二安	……	遊失	……	二安	……	二安	……
(捕)	下地昌	4 1 0	……	……	捕邪	……	左安	……	二ゴ	……	三振	……
	計	35 8 0	振4球4犠2盗3残11失0併0									

		1	2	3	4	5	6	7	8	9	10
浦添商	0＝	0	0	0	0	0	0	0	0	0	0
智弁和歌山	0＝	0	0	0	0	0	0	0	0	0	1x

智弁和歌山		打安点	1	2	3	4	5	6	7	8	9	10
(一)	豊　田	4 2 0	四球	……	中安	……	三飛	……	……	中安	……	二ゴ
(左)	鵜　瀬	2 1 0	捕犠	……	投犠	……	遊ゴ	……	……	投犠	……	一安
(中)	喜　多	5 1 0	一ゴ	……	一ゴ	……	……	投直	……	振逃	……	右安
(遊投)	清　水	4 0 0	三振	……	三振	……	……	遊飛	……	右飛	……	四球
(捕)	中　谷	4 1 1	……	左安	……	三ゴ	……	左飛	……	三ゴ	……	中犠
(二)	木　戸	4 4 0	……	右安	……	中安	……	……	中安	……	左安	……
(右)	倉　谷	1 0 0	……	三振	……	捕犠	……	……	投犠	……	捕犠	……
(三)	中　山	4 0 0	……	一飛	……	右飛	……	……	投ゴ	……	一ゴ	……
(投)	児　玉	2 0 0	……	三ゴ	……	……	三ゴ	……	……	……	……	……
打	高　塚	1 0 0	……	……	……	……	……	……	三振	……	……	……
遊	川　崎	1 0 0	……	……	……	……	……	……	……	……	三振	……
	計	32 9 1	振6球2犠7盗1残11失2併1									

投手	回	打安振球責
上間	9 2/3	41 9 6 2 1
児玉	7	27 5 3 2 0
清水	3	14 3 1 2 0

▽二塁打　新垣（浦）
▽犠打　前川、下地康（浦）鵜瀬3、倉谷3、中谷（智）
▽審判　（球）田中、吉川、榎田、鹿多
▽試合時間　2時間34分

2001年　宜野座7－1仙台育英

因縁の相手に雪辱

2001年、春の全国選抜大会（センバツ）で初めて導入された「21世紀枠」で初出場し、高校野球ファンを沸かせた宜野座のドラマは、夏に続いていた。人口5千人に満たない村から、リベンジを果たすため甲子園に乗り込んだナイン。初戦の相手は、センバツで準決勝を戦い1－7で敗れた仙台育英（宮城）だった。抽選会でくじを引いた安富勇人主将は、因縁の相手との再戦に「これ、絶対引くな、と確信があった」という。会場で一瞬、動揺したナインは、すぐわれに返った。「同じ相手に2回負けられない」

センバツで14三振を献上した左の好投手、芳賀崇と再び向き合ったのは8月9日。宜野座ナインが「チームのバロメーター」と口をそろえる1番山城勝二が、初球から快音を響かせて一塁へ。安富は「よし、この試合はいける、と」。ベンチの緊張は吹き飛び、集中力が高まった。

センバツでは右肩を痛めて投げられなかった横手のエース仲間芳博は、憧れの甲子園のマウンドで変化球に直球を織り交ぜ、打者を翻弄《ほんろう》。背番号1を背負う喜びと緊張をかみしめ「春は悔しかった。肩は本調子じゃなかったが、医者も監督も大目に見て投げさせてくれた」。その思いに応え、丁寧な制球で得点板に「0」を並べていく。

試合が動いたのは四回。大会前から調子を上げ、7番から6番に打順が上がった山城優太が、1－1からの直球を狙い済まして左翼席へ。先制本塁打にベンチは大喜びする一方で、安富も仲間も「なぜお前が？　とみんな大笑いだった」と話す。山城も「自分もびっくりした」と振り返りつつ「みんなは信じないけど、前の打席で投球モーションの癖が分かった。『次は真っすぐだ』と1、2、3で打った。真っ芯でした」。

だが1点先制した四回裏、この試合最大のピンチが訪れた。外の直球を3番に中前に運ばれた後、犠打が野選となり無死一、二塁。次打者を追い込んだものの四球となり無死満塁。マウンドに集まったナインは「1点、全然ＯＫ。まだまだ大丈夫」と声を掛け合った。

仲間は気合を入れ直すと、左の6番を直球とシュートの徹底した外角攻めで見逃し三振に。続く芳賀を二ゴロ、島田も遊飛に打ち取り、マウンドで大きく吠《ほ》えた。「芳博のあんな雄たけびを初めて見た。『1点はいい』と言ったが、やっぱりダメだ、と思った」と安富は振り返る。

終盤には打線が爆発。持ち味のバントを駆使し七、八、九回で6点を追加。最終回に1点を返されたが最後の打者を三振に仕留め、終わってみれば13安打。春に敗れたスコアと同じ、7－1で雪辱を果たした。

春夏、二つの大舞台を振り返り、安富は「センバツから戻った後、僕らは完全に調子に乗っていた」と明かす。那覇空港には多くの人が集まり、バスに乗るのも一苦労。「ちやほやされて舞い上がり、ずっとフワフワしていた」という。

地に足が着かないまま夏の県予選が迫った5月、奥濱正監督が選手を集めた。「お前たちは、芸能人でも何でもない。もう一度、自分の足元を見つめ直せ」

仲間も山城も「あの言葉で全員、スイッチが入った」とうなずく。苦手だった左投手対策を徹底的に行い、宜野座らしい野球で楽しみながら技を磨いた。

現在、高校野球の監督として指導する安富は「小学校から一緒に野球してきたメンバー。個々の能力も高かったが、それを奥濱監督が生かし、まとめてくれた」と感謝する。春は投げられなかった悔しさを完投勝利で晴らした仲間は「人生の大事な思い出です」と目を細めた。

1回戦　▽2001年8月9日　観衆　20000人

宜野座	打安点	1	2	3	4	5	6	7	8	9
(右) 山城勝	420	中安	……	遊ゴ	……	遊ゴ	……	死球	……	左2
(遊) 比嘉裕	412	投犠	……	右飛	……	遊ゴ	……	右2	……	捕邪
(一) 嘉陽	521	右飛	……	投ゴ	……	……	右飛	……	左2	左2
(捕) 山城尚	520	一ゴ	……	……	投ゴ	……	遊安	……	二安	三振
(左) 松田	301	……	三振	……	二ゴ	……	三振	……	右犠	……
(三) 山城優	421	……	右飛	……	左本	……	中飛	……	右2	……
(中) 幸喜	321	……	四球	……	三振	……	……	投安	三安	……
(二) 安富	211	……	中安	……	……	投ゴ	……	一犠	投失	……
(投) 仲間芳	410	……	三振	……	……	左安	……	三振	二併	……
計	34137	振6球2犠4盗0残6失1併0								

		1	2	3	4	5	6	7	8	9
宜野座	7	0	0	0	1	0	0	2	3	1
仙台育英	1	0	0	0	0	0	0	0	0	1

仙台育英	打安点	1	2	3	4	5	6	7	8	9
(遊) 金沢	410	中飛	……	三ゴ	……	四球	……	遊ゴ	……	右安
(二) 中谷	310	左安	……	一ゴ	……	投犠	……	四球	……	一ゴ
(中) 佐藤	521	三振	……	……	中安	三振	……	左飛	……	遊安
走 米倉	000	……	……	……	……	……	……	……	……	……
(三)投 菊池	420	三振	……	……	野選	……	左安	……	中安	三振
(左) 村山	300	……	三振	……	四球	……	三ゴ	……	一ゴ	……
(右) 掘	200	……	二ゴ	……	三振	……	捕犠	……	……	……
右 榊原	100	……	……	……	……	……	……	……	遊ゴ	……
(投) 芳賀	410	……	中安	……	二ゴ	……	右飛	……	右飛	……
投 柏	000	……	……	……	……	……	……	……	……	……
三 会沢	000	……	……	……	……	……	……	……	……	……
(一) 島田	410	……	一ゴ	……	遊飛	……	……	左安	……	中飛
(捕) 白山	210	……	……	三振	……	中安	……	捕犠	……	……
捕 近藤	000	……	……	……	……	……	……	……	……	四球
計	3291	振7球4犠4盗0残12失1併1								

投手	回	打安振球責
仲間芳	9	409741
芳賀	8	3611526
柏	1/3	32001
菊池	2/3	10100

▽本塁打　山城優（宜）
▽二塁打　比嘉裕、嘉陽2、山城優、山城勝（宜）
▽審判　（球）桂、石原、宮本、桜井
▽試合時間　2時間16分

4回表に先制本塁打を放ちベンチに向かう宜野座の山城優太

2000年　那覇2－1中京商

個性派集団、初勝利

「夢じゃないよな」―。当の選手たちすら頬をつねった2000年の県大会決勝。那覇が沖縄水産を延長十回、5－3で破り大会前の下馬評を覆した。左利きの捕手や三塁手、「ダンゴムシ打法」と呼ばれた代打の切り札など、常識にとらわれない「超個性派集団」。初めて夏の甲子園に出場した那覇は全国の高校野球ファンに大きなインパクトを与えることになる。

初戦2回戦の相手は現ソフトバンクの松田宣浩（当時2年）らを擁する中京商業（岐阜）だった。那覇は初回の攻防で早々と「自信」をつかむ。表の攻撃、犠打の構えをした2番豊平朝紀の指にボールが当たり、交代するアクシデント。急きょ代わったライトの潮平雅義がその裏、バックホームで相手走者の生還を阻止し球場を沸かせた。「あれで雰囲気に慣れた」とエース成底和亮。左利きの捕手、長嶺勇也も「流れに乗った」と振り返る。

成底－長嶺の2年生バッテリーは直球に変化球を織り交ぜ、縦に落ちるスライダーを効果的に使い要所を締めた。中盤までゼロ行進。五回裏、成底の暴投で先制を許したが、ベンチは落ち着いていた。代打の切り札で3回戦の育英（兵庫）戦での豪快な空振り三振が印象的だった3年の比嘉忠志は「打たれて取られた点じゃない。打撃陣が奮起すれば逆転できる」。

打線には自信があった。池村英樹監督は、ボールをたたきつけず、バットに乗せて遠くへ運ぶ積極的な打撃を教え込んでいた。成底の粘投に、その打線が応えたのは七回表。1死三塁から7番上原安博の適時打で追い付き、県大会の決勝に続いて延長へ突入。甲子園切符を勝ち取った沖水戦では追い付かれて延長戦に持ち込まれたが、甲子園では逆の立場。「あの延長の経験があり『いけるな』と。ベンチの雰囲気は悪くなかった」（長嶺）

十回裏に2死三塁とサヨナラ負けのピンチ。相手の打球はこの日初めて左利きの三塁手、金城佳晃の正面へ。送球が遅れないよう捕球動作を工夫したり、臨機応変に守る位置を変えたりと守備に自信のあった金城は危なげなく処理してピンチを逃れ、「めっちゃうれしかった」と全力でベンチまで駆けた。

十一回表2死二塁。那覇は内野安打と中京商の松田の悪送球でついに決勝の1点を奪った。成底は159球目で空振り三振を奪い、熱戦に終止符を打った。日ごろから池村監督に「投手は感情を表に出すな」と言われていたが、甲子園での勝利の味は格別だった。最後の球が長嶺のミットに収まると、思わずバックスクリーン方向に振り返り飛び跳ねた。互いに10安打しながらの粘り勝ちだった。

「型破り」と言われたが、池村監督は当時のインタビューで「チームワークの良さ」を強調し「いい選手を集めたのではなく、集まった選手の長所を伸ばすしかなかった」と答えている。当時30歳。ナインから「池さん」と呼ばれていた青年指揮官は「監督であり兄貴だった」（金城）、「厳しいが考えさせてくれる。組織づくりがうまかった」（比嘉）という。

池村監督は14年、43歳の若さで亡くなった。選手らの積極性を尊重し「短所を直すより、長所を生かす」と伸び伸びプレーさせてくれたのが甲子園初勝利につながった、と選手は口をそろえる。強烈な個性を放ったプレーも、メンバーに言わせれば理にかなった形であり、自然な姿だった。

それ以来、那覇は甲子園の土を踏んでいない。だが当時のメンバーはあの夏の経験を踏まえ、後輩たちに「自分たちでもかなえることができた。チャンスはある」と夢の続きを託す。

159球を投げ中京商打線を1点に抑えた那覇のエース成底和亮＝2000年8月14日

2回戦　▽2000年8月14日　観衆　52000人

那覇	打安点	1	2	3	4	5	6	7	8	9	10	11
(遊) 宮里	520	左安	……	中飛	……	……	二安	……	投ゴ	……	三振	……
(右) 豊平	100	三振	……	……	……	……	……	……	……	……	……	……
右 潮平	420	……	……	……	二飛	……	中2	……	遊安	……	……	一邪
右 宮城	000	……	……	……	……	……	……	……	……	……	……	……
(捕) 長嶺	420	遊安	……	……	投ゴ	……	一安	……	中飛	……	……	四球
(一) 高良	410	中直	……	……	左安	……	三ゴ	……	……	遊ゴ	……	投犠
(二) 仲田	520	……	右飛	……	右飛	……	……	左2	……	中飛	……	遊安
(投) 成底	500	……	中飛	……	……	遊飛	……	三振	……	三飛	……	中飛
(中) 上原	411	……	左飛	……	……	左飛	……	中安	……	……	三ゴ	……
(左) 内間	300	……	……	三振	……	二ゴ	……	一犠	……	……	遊ゴ	……
(三) 金城佳	300	……	……	二ゴ	……	……	三振	……	二ゴ	……	四球	……
計	38101	振5球2犠2盗0残7失0併0										

		1	2	3	4	5	6	7	8	9	10	11
那覇	2	0	0	0	0	0	0	1	0	0	0	1
中京商	1	0	0	0	0	1	0	0	0	0	0	0

（延長11回）

中京商	打安点	1	2	3	4	5	6	7	8	9	10	11
(中) 増田	440	四球	……	右2	……	右安	……	右2	……	左安	……	……
(二) 石井	400	投ゴ	……	四球	……	投ゴ	……	投ゴ	……	遊ゴ	……	……
(遊) 松田宣	410	右安	……	三振	……	四球	……	右飛	……	……	三振	……
(右) 長谷部	520	二ゴ	……	左飛	……	遊安	……	……	二ゴ	……	中安	……
(左) 山本	500	……	二ゴ	……	三振	遊直	……	……	三振	……	遊ゴ	……
(一) 横井	500	……	二ゴ	……	遊ゴ	……	一ゴ	……	一ゴ	……	三ゴ	……
(捕) 閨間	520	……	右3	……	左2	……	遊飛	……	……	遊ゴ	……	投飛
(投) 園川	500	……	二ゴ	……	投ゴ	……	一ゴ	……	……	三振	……	中飛
(三) 鎌田	410	……	……	三振	……	二ゴ	……	一ゴ	……	左安	……	……
H 遠山	100	……	……	……	……	……	……	……	……	……	……	三振
計	42100	振7球3犠0盗5残11失2併0										

投手	回	打安振球責
成底	11	4510731
園川	11	4210520

▽犠打　内間、高良（那）
▽審判　橘（球）宮崎、三宅、桑原（塁）
▽試合時間　2時間20分

２００６年　八商工９−６千葉経大付

驚異の粘り　大逆転

２００６年夏。甲子園は例年以上の熱気に包まれていた。３連覇を狙う駒大苫小牧の田中将大と初優勝に挑む早稲田実業の斎藤佑樹。両エースが力投する熱戦は決勝再試合までもつれ込み、球場は超満員。高校野球ファンだけでなく、日本中から大きな注目を浴びた。

初出場だった八重山商工も、熱狂の中にいた。その年の春、全国の離島勢で初めて自力でセンバツに出場。同年優勝校の横浜を６−７と最後まで苦しめた。グラウンドには連日マスコミが詰め掛け、ドキュメンタリーが放送され、関連本も出版された。石垣島で生まれ育ったナインと伊志嶺吉盛監督（当時）の物語は、多くの人々を魅了した。

初戦の千葉経大付戦、八商工は劣勢に立たされた。主戦大嶺祐太が相手打線につかまり、五回までに4失点。八商工も六回に3点、七回に金城長靖の適時打で追い付いたが、八回裏に大嶺の失策も重なって2失点。金城長が「1点だったらまだしも2点。終わったと思った」と振り返るように、終盤の2失点はナインに重くのしかかった。

４−６で迎えた九回。最初の打席に立ったのは、代打の奥平結だった。3年生で唯一スタメンから外れ、県大会でも無安打。「なんとしても塁に出ろ」。伊志嶺監督から、そう送り出された。高校野球を2年半続けてきた意地もある。マウンドの1年生投手だけには、負けたくなかった。

「いつも真っすぐしか打てなかったので」と狙ったのは直球のみ。４球目、ど真ん中に入ってきた直球を振り抜いた打球は、守備位置を右にシフトしていた千葉経大付の左中間を破る値千金の三塁打。反撃の足掛かりをつくると、１番友利真二郎の中犠飛で生還した。なおも連打で2死一、三塁とすると、４番羽地達洋が「集中力が良かった。勝手に反応した」と同点の左前適時打。塁上で拳を突き上げて大きくほえ、試合を振り出しに戻した。

驚異の粘りは、聖地をも味方に付けた。延長十回、伊志嶺監督が「連打が出て球場の雰囲気ががらりと変わった。相手ベンチは嫌だったと思う」と話すように、勢いは八商工にあった。先頭の6番金城賢司が中前打で出塁。犠打で1死二塁とすると、2打席目の奥平が二遊間を破る中前打を放ってついに勝ち越し。9番仲里拓臣、1番友利と連打が続いてこの回一気に3得点し、劇的な逆転勝ちを収めた。

　試合後のインタビューで度々「野球の神様」と口にする伊志嶺監督は「一生懸命頑張っている選手がチームを救う時がある」と言う。その言葉通り、チームを逆転に導いたのは誰よりも汗を流してきた奥平だ。

　毎日の厳しい練習で、6時半から始まる早朝練習は欠席者も少なくなかった。奥平の自宅は高校の隣で、伊志嶺監督の自宅も隣。2階の自室からはグラウンドが嫌でも目に入った。「一つ上の佐久川直浩主将の存在が大きくて。あの人だけには迷惑を掛けたくなかった」と1年生のころから佐久川主将と2人で毎朝練習に参加していた。投打でチームをけん引し、高校日本代表に選ばれた金城長は「奥平だけは真面目に練習していた。あの場面で打てるのは何かある。野球の神様はいるのかな」。

　初戦を突破した八商工は2回戦で5－3で松代(長野)に勝利したが、3回戦で智弁和歌山に3－8で敗れた。試合後、ベンチ裏で涙を流した奥平は「このメンバーともうできなくなる。もっとやりたかったなって」。全国制覇を目指して挑んだ夏。「野球の神様」がほほ笑んだ島の球児たちは、甲子園に確かな足跡を残した。

1回戦　▽2006年8月8日　観衆　15000人

八重山商工	打安点	1	2	3	4	5	6	7	8	9	10
(捕) 友利	533	左安	……	三振	……	……	三振	右安	……	中犠	左二
(遊) 東舟道	630	中飛	……	右安	……	……	二安	二ゴ	……	左安	遊直
(一投一)金城長	321	四球	……	三振	……	……	死球	左安	……	左安	……
(三) 羽地	522	一ゴ	……	……	左飛	……	右安	中飛	……	左安	……
(投一投)大嶺	400	四球	……	……	一ゴ	……	遊直	……	左飛	遊ゴ	……
(右二) 金城賢	521	三振	……	……	遊ゴ	……	中安	……	一ゴ	……	中安
(左) 新城	411	……	一ゴ	……	……	遊ゴ	右安	……	三振	……	……
打左 船道	000	……	……	……	……	……	……	……	……	……	捕犠
(二) 嘉数	300	……	中飛	……	……	遊ゴ	三振	……	……	……	……
打右 奥平	221	……	……	……	……	……	……	……	……	中三	中安
(中) 仲里	520	……	三振	……	……	三振	……	中二	……	二飛	右安
計	42179	振8	球3	犠2	盗1	残8	失1	併0			

		1	2	3	4	5	6	7	8	9	10
八商工	9=	0	0	0	0	0	3	1	0	2	3
千経付	6=	0	0	1	0	3	0	0	2	0	0

（延長10回）

千葉経大付	打安点	1	2	3	4	5	6	7	8	9	10
(遊) 松本	421	三振	……	中安	……	投安	……	四球	投ゴ	……	……
三 斎藤	000	……	……	……	……	……	……	……	……	……	……
(三遊)大塚	200	三振	……	投選	……	投犠	……	一犠	三振	……	……
(右) 丸	510	三振	……	右安	……	三振	……	二ゴ	……	二ゴ	……
(一中一)渡辺	512	……	三振	二飛	……	右三	……	一ゴ	……	右飛	……
(中左中)滝原	421	……	四球	三振	……	中安	……	……	右安	中飛	……
(左投左)内藤	410	……	遊ゴ	……	三振	三振	……	……	投安	……	……
打 小沢	100	……	……	……	……	……	……	……	……	……	捕邪
(捕) 川島	300	……	三振	……	三ゴ	……	三ゴ	……	……	……	……
打二 馬場	000	……	……	……	……	……	……	……	四球	……	四球
(二) 宮川	421	……	……	一安	遊ゴ	……	三振	……	右安	……	……
捕 福田	100	……	……	……	……	……	……	……	……	……	右飛
(投) 竹島	210	……	……	捕犠	……	左安	中飛	……	……	……	……
一 大滝	100	……	……	……	……	……	……	……	投ゴ	……	……
投 江沢	000	……	……	……	……	……	……	……	……	……	……
打 矢口	100	……	……	……	……	……	……	……	……	……	遊飛
計	37105	振11	球4	犠4	盗0	残9	失0	併1			

投手	回	打安振球責
大嶺	7 0/3	35101034
金城長	2	60100
大嶺	1	40010
竹島	6 0/3	277733
内藤	3 0/3	189106
江沢	0/3	21000

▽三塁打　奥平（八）渡辺（千）▽二塁打　仲里、友利（八）▽犠打　友利、船道（八）大塚3、竹島（千）▽盗塁　仲里（八）▽審判　（球）若林、藤野、宮田、堅田▽試合時間　2時間51分

第2部　歩み

首里高が県代表で初の甲子園に出場して60年。第2部は沖縄勢が甲子園で刻んだ歩みを紹介する。

聖地初出場

1958年・首里　沖縄勢初切符

選抜視察　夏の扉開く

今から60年前の1958年春、沖縄の高校球児として初めて踏んだ甲子園の土は、想像していた以上に軟らかかった。

当時、日本高校野球連盟の副会長だった佐伯達夫（故人）の計らいで、沖縄から4校の選手が第30回選抜高校野球大会（センバツ）に招待された。石川高の投手だった石川善一（78）は、案内の佐伯にグラウンドへ上がるように促された。履いていた革靴で入るのは気が引け、靴を脱いで、靴下で聖地に立った。

硬くてイレギュラーばかりする沖縄の赤土と違い、ふかふかな黒土。グラウンドに向かい、自然と「ありがとうございました」と感謝の言葉が口をついた。

招かれたのは、石川のほか、首里の仲宗根弘、那覇の国吉真一、コザの安里嗣則の4人。眼前に迫る、すり鉢状の観客席。当時、沖縄には専用の野球場はなく、石川は「球場の入り口にツタがある。これが球場なのか」と度肝を抜かれた。決勝までの全日程を過ごし、食い入るように本土の選手のプレーを見つめた。

後に世界の本塁打王となる王貞治を擁する早稲田実業も出場した同大会。本土のチームは180センチ超の大型選手も多く、グラブさばきもスムーズだった。「全員がプロにいくような選手。何だこの連中は」。全国との差を痛感した。

目に入るもの全てが新鮮。あっけに取られてばかりだった4人に、佐伯は言った。「夏の40回大会は各県から1校出場する。この4人の中から誰か1人上がってこい」。想像すらしていなかった甲子園への扉が開いた。

１９５８年の歓喜

１９５８年当時、１県１代表ではなかった夏の甲子園は、沖縄勢にとって九州の厚い壁が立ちはだかる、はるかかなたの場所だった。52年７月、戦後初めて石川高が全国高校野球選手権２次予選の東九州予選に出場したが、１－５で鹿児島に敗退。56年に那覇が中津東（大分）に２－３と１点差で惜敗した以外は０点に抑えられ、大差で敗れていた。

40回の節目となった58年夏は、２次予選を経ずに各都道府県１校の出場が決定した。吉報を聞いた石川の石川善一は「この場所でどんなプレーができるんだろう」と胸を高鳴らせ、首里主将の仲宗根弘から話を聞いた三塁手の金城睦俊（77）は「今以上に練習しないといけない」と決意を新たにした。練習量にも変化が現れ、両校は夏の沖縄大会決勝へ進み、甲子園出場に王手をかけた。

７月７日に行われた決勝。野球場として使われた那覇高校のグラウンドは、例年以上の熱気に包まれた。下馬評は、新人と春大会を制し、春決勝で首里を３－２で破った石川が有利。７月10日付の沖縄タイムスは「試合前の予想では石川に６分の強みといわれていた」と伝えている。順当に勝ち上がった石川に対し、首里は準々決勝で沖縄（現沖縄尚学）に逆転勝ち、準決勝は栽弘義を擁する糸満の追い上げを振り切って決勝に進出。大会屈指の好投手・石川の速球対策も万全で、首里左翼手の山口辰次（78）は「負ける気がしなかった」という。

試合は初回に動いた。「打線は順調。石川の直球を狙った」と山口。首里先頭の仲宗根が放った二塁打を足掛かりに先制し、三回に２点を追加。石川を五回でマウン

石川－首里　３回裏首里、二走の山口辰次が金城睦俊の中前打で生還する＝1958年７月７日、那覇高校

沖縄タイムス

晴れの甲子園出場決まる

首里高校が圧勝

六対0 打撃不振で石川敗る

“よかった、よかった”

「抱き合って喜びに泣く」

首里高の初の甲子園出場決定を伝える
1958年7月8日付の沖縄タイムス

ドから降ろした。金城が「押せ押せの状態。看板投手がやられるとチームも落ち込む。ムードも全然違った」と懐かしむように首里の流れだった。

無念の降板となった石川は、違和感を覚えながらの登板だった。大会期間中、試合前日は那覇市の城岳小学校に宿泊するのが通例だったが、決勝前夜は自宅で過ごし、旧石川市から那覇高校まで満員の路線バスで立ちっぱなし。ベンチも応援団が入れない一塁側で「みんなが首里を応援しているようだった。観衆をバックにつけたら強い」。

11安打の首里に対し、石川は首里先発の高嶺朝健を前に４安打無得点。６－０で首里が快勝し、沖縄勢初の甲子園切符をつかんだ。

試合終了の合図とともに、三塁側に陣取った首里の応援団から色とりどりの紙テープがグラウンドに投げ込まれた。福原朝悦監督（故人）は両手を広げてナインを出迎え、肩を抱き合って涙した。

４打数２安打を放った金城は、優勝した実感はすぐには湧かなかったという。「まさかという気持ち。これで甲子園に行けるんだということしか頭になかった」。応援団が歌う歓喜の応援歌が、いつまでも響いていた。

３失点敗退も誇れる一歩

夜が明け、辺りが白んでくると、船上からは桜島が見えた。１９５８年７月29日、県勢初の甲子園出場を決めた首里は、保護者や友人、学校関係者ら数千人に見送られ、沖縄丸で那覇の泊港を出港。24時間以上の船旅を経て鹿児島に到着した。首里左翼手の山口辰次は「明け方に桜島が見えて、鹿児島に来たのかと感激した」。パスポートを作るのも初めてだった。体が揺れる感覚がいつまでも治まらなかった。

早速、鴨池球場などで練習に励んだ。沖縄ではグラウンドに白線を引いて外野と観客席を分け、ゴロで越えれば全て二塁打。三塁打はなかった。そのため外野陣はフェンス際でクッションボールを何度も確認。内野陣も荒れた首里のグラウンドで腰高になった守備を修正し、万全の状態で大阪に乗り込んだ。

８月８日、首里の仲宗根弘主将の選手宣誓で幕を開けた第40回全国高校野球選手権。首里の初戦は大会第２日の９日、福井代表の敦賀との１回戦。三塁側の首里スタンドには、関西の県人会や首里高の修学旅行生が駆け付け、伝統の「震天動地」の旗がはためいた。

だが盛り上がる応援団をよそに、首里ナインは極度の緊張に襲われた。「金縛りにあったみたい。必要以上にいろいろ考えすぎて、体が全然動かなかった」と山口。体は硬直し、グラウンドにいても応援団の声援すら聞こえない。三塁手の金城睦俊は「緊張の連続。早く九回が来ないかなと思った」と振り返る。

試合は敦賀に初回先制された。首里も先頭の仲宗根が出塁したが、盗塁を失敗し３人で攻撃を終了。変化球でかわす敦賀投手を前に、打線は散発３安打で無得点に抑えられた。沖縄大会で本塁打を打った山口は無安打に終わり「なんで打てなかったんだろう」と宿舎に帰り、一

夏の全国高校野球選手権に初めて出場した首里高校。敦賀高（福井県）に０対３で敗れ、甲子園の土を袋に詰めるナイン＝1958年８月９日、甲子園球場

首里の三塁手として甲子園切符をつかんだ金城睦俊さん。いまも当時の光景を鮮明に覚えている＝那覇市内

浜辺に集まり、ラジオ越しに首里を応援した石川善一さん。60年たったいまも石川高校のグラウンドに通っている＝石川高校

人トイレで悔し涙を流した。

それでも、敦賀に11安打を浴びながら3失点でこらえた。首里先発の高嶺朝健は毎回走者を出したが、要所を締めて失策一つ。内野陣は腰高にならず体の正面で打球を止め、走者を2人置いた六回2死では、山口が外野深くに落ちる当たりを背走して好捕するなど、守備で見せ場をつくった。

試合後、ナインの表情は晴れやかだった。金城は「とにかく大差で負けなければいいと思っていた」とほっと息をつく。「沖縄の人なら、よくやったと思ってくれたはず」。球場からは惜しみない拍手が送られた。

沖縄大会決勝で敗れた石川の石川善一は、旧石川市内の浜辺でラジオから流れてくる首里の活躍を聞いた。「勝っていたら、僕が選手宣誓だったのかな」。悔しさももちろんある。それでも「僕らだったら、沖縄代表としてそこまでできたかは分からない。本当によく頑張った」とも思う。首里の活躍が、自分のことのように誇らしかった。

記念の土　海に散る

1958年、沖縄勢として初めて甲子園に出場し、敦賀（福井）を相手に善戦した首里。物語はまだ終わらなかった。当時、米軍統治下にあった沖縄。ナインが大切に集めたグラウンドの土は、那覇の港に上がることなく、海の上から捨てられた。沖縄だけでなく、日本全土で大きく取り上げられる「事件」だった。

試合に敗れた球児たちが、甲子園の土を集めて持ち帰る習慣は、当時から見慣れた光景だった。首里も例外ではなく、三塁手の金城睦俊は「ほかの学校の選手も入れているのを見た」とスパイクシューズの袋に入れ、左翼手の山口辰次も「自然にベンチ前から持って行った」と袋やポケットにも土を忍ばせた。

仏壇に供えたり、母校の守備位置にまいたりと思いはさまざま。鹿児島到着を報じる8月22日付の沖縄タイムスは「甲子園の土持ち帰る」との見出しで、「この土は首里高校の校庭にうめてそのうえに甲子園出場を記念する木を植えてながく思い出を残すということだった」と伝えている。

だが、試合から17日がたった26日午後3時すぎ、沖縄丸で帰ってきたナインの手に、甲子園の土はなかった。「植物防疫法」で外国の土と見なされ、泊入港前に船の上から海に捨てられた。「いきなりで関係者も予想していなかったんじゃないか。ただ残念だということだけ」と金城。法律に触れることもあり「生徒だから従うことしかできないし、しょうがない」と、自らに言い聞かせた。

捨てられた甲子園の土は、全国で大きな議論を巻き起こした。31日付の朝日新聞はトップで報じ、九州朝日放送もニュースで取り上げた。同情の声が寄せられ、学校や選手たちには甲子園の小石や土で焼かれた皿が送られた。寄贈を計画した大阪在住で、日本航空キャビンアテンダントの近藤充子さんは当時、「悲しいやらくやしいやらでじっとしておれません。できるなら甲子園の砂利を首里高ナインへ送りたい」と語っている。

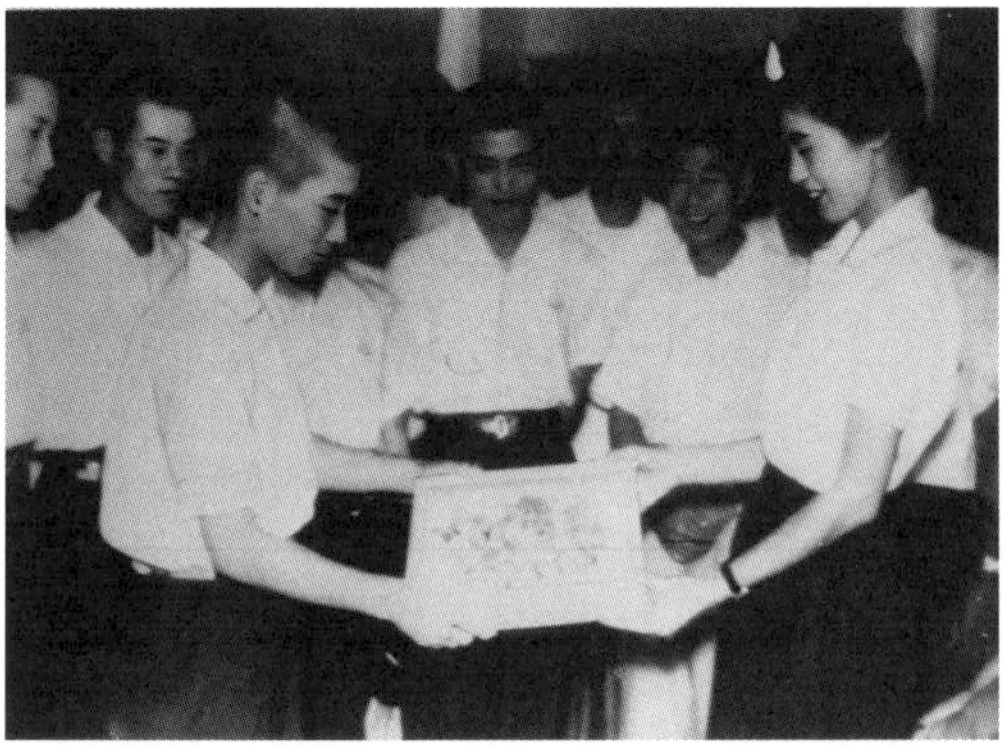

甲子園の土を那覇の港で廃棄処分された首里高ナインに、阪神電鉄と日本航空の好意で甲子園の石が贈られた

山口は、送られた皿を今も大切に保管する。県外で暮らし、何度も引っ越しを繰り返す中で「いつのまにかユニホームはなくなってしまったんだけどね」。甲子園に出場した証しでもある記念の皿は、宝物の一つだ。小石は「友愛の碑」として校内に飾られている。

初出場から60年。興南の春夏連覇を含め、県勢は夏1回、春3回と頂点に上り詰めた。金城は「最初に沖縄から甲子園に行き、非常に恵まれていた。いまの子どもたちは堂々とプレーしていて頼もしい」と目を細め、山口も「想像していた以上のことをやってくれた。本当に強くなったね」と後輩たちの活躍を喜ぶ。金城の孫は首里で野球に励み、山口の自宅には県大会のトーナメント表が貼られていた。2人にとって、高校野球は今も生活の一部でもある。

左翼手として出場した山口辰次さん。甲子園の土で作られた記念の皿をいまも大切に保管している＝豊見城市内

初勝利

1963年・首里　逆転　歓喜の渦

球児ら自信「突破口に」

沖縄勢として、首里が初めて夏の甲子園に出場した1958年以降も、聖地への道のりは険しかった。62年、沖縄高（現沖縄尚学）は後にプロ野球・広島などで活躍する投手安仁屋宗八（73）を擁し、南九州第2次予選に出場。大淀（宮崎）を4－2で破り夏の選手権に自力出場を果たしたが、広陵（広島）に4－6で惜敗。悲願の〝1勝〟を手にすることはできなかった。

待ちに待った歓喜の日が訪れたのは、初出場から5年後の63年8月13日。第45回記念大会で1県1校の枠を勝ち抜き、2度目の出場を果たした首里は、初戦で日大山形に4－3と鮮やかな逆転勝利を収め、ウチナーンチュを歓喜の渦に巻き込んだ。

しかし、初勝利への船出は前途洋々たるものではなかった。主将で三塁手の宮里正忠（73）は「当時、首里は沖縄で絶対的に強い存在ではなかった」と振り返る。予選では1回戦から苦戦し、準決勝は延長引き分けで再試合にもつれこんだ。決勝で那覇を7－4で下し、苦しみながらも再び甲子園切符を手にした。

組み合わせ抽選で首里との対戦を知った日大山形の渋谷邦弥主将（73）は「復帰前で注目されている、嫌なチームと当たったが、勝てるだろうと思った」という。「うちは筋肉質の引き締まった選手が多く、打って打って押せ押せのチーム」。当時は〝山形最強〟ともいわれていた。

大会は甲子園、西宮の両球場で開催。西宮球場での試合前に整列した首里ナインを前に渋谷は「大きくないし、威圧感もないので大丈夫だろう」と思っていた。だが、首里の一投一打を応援する観客席の盛り上がりに、日大山形ナインは余裕を失う。投手にいつもの球威はなく、野手に小さなミスが続いた。

試合が動いたのは1－2の六回表、玉那覇隆司（73）から又吉民人（72）への投手交代から。強打者が多い日大山形は下手投げの又吉にタイミングを外され、3、4、5番と連続三振。流れが首里に傾きだす。宮里は「得点では負けていたが、投手をとらえていた。これはいけると」。

2－3の七回裏。宮里の左中間への二塁打を皮切りに2死から同点とすると、この日4安打の中堅手・安里陽宣（故人）が決勝打を放って逆転。勝利の瞬間、又吉－伊佐勝男（故人）のバッテリーは全国制覇したかのようにマウンドで抱き合った。

観客席で初勝利を見守った、県系2世で大阪市の糸数克彦さん（72）は「スタンドはものすごいお祭り騒ぎ。

沖縄勢で夏の選手権大会初勝利を挙げた1963年首里の（左から）宮里正忠主将、又吉民人投手、垣花米和一塁手＝沖縄タイムス社

国際電話を通じ、郷土のファンに対日大山形戦の勝利の喜びと3回戦への抱負を語る首里高ナイン＝1963年8月

99年の春の選抜で、沖縄尚学が沖縄勢で初優勝したような感じだった」と思い返す。

「オメデトウヨクヤッタ」「オイワイモウシアゲマスマタウテ」。選手が宿泊する永楽荘には150通以上の祝電が届けられた。一塁手・垣花米和（71）は、当時文通していた首里の女子生徒や、何度か通った西武門歯科からも電報が届き「うれしかった」とその束を手に懐かしむ。

宮里は「あの1勝が突破口となった。後の興南旋風も2010年夏の県勢初優勝も、あれがあったから」と誇らしげだ。好救援で勝利を呼び込んだ又吉も「沖縄はプロを輩出する県に成長した。初勝利が今につながっていることは小さな誇り」と胸を張る。

だが夏の歓喜の1勝は、春の悔しさが大きなバネとなっていた。

21三振の雪辱誓う

1963年、沖縄勢で夏の選手権初勝利を挙げた首里。報道陣に引っ張りだこのナインの下へ、沖縄にいる母親の声が届いた。「うれしくて声も出ないよ…、沖縄のために本当によく頑張った」。試合後、琉球放送と大阪のABC放送が国際電話で対談を実現させたのだ。感激のあまり、宮里正忠主将（73）ら3選手は母親に「うん、第2戦も頑張るよ」と返すのがやっとだった。

垣花米和さんに届いた県勢初勝利を喜ぶ電報、選手章

高校野球ファンの高い関心を集めた沖縄初勝利の背景には、3月29日、春のセンバツ初戦で球史に残る敗北を喫した悔しさと反省があった。PL学園（大阪）の戸田善紀（72）に、21奪三振という大会新記録を献上したのだ。「高校では大阪で一番速い球を投げるといわれた。プロでも球は重い方だった」と語る戸田は、後に阪急でノーヒットノーランを達成した豪腕だ。

だが相手校の情報は乏しい時代。不運も重なった。前日に降った雨の影響で、試合開始が午後5時10分と遅れた。3月の甲子園球場は寒く「試合中に、あられかみぞれが降っていた。暖かい沖縄で育ったウチナーンチュが試合できる状況ではなかった」と宮里は振り返る。

先攻の首里は、戸田の速くズドンと重いボールに、初回から3者連続三振。三回までアウトは全て三振だった。三回裏に3点を奪われると、四回に走者を出したものの無得点。その後も打撃妨害の走者1人しか出せず、〝超高校級〟の球に手も足も出なかった。

3番を打った一塁手垣花米和は「ナイターの影響か、ボールが速く見えた」と振り返る。守備に就けばPL応援団の見事な人文字の応援に見とれ、ベンチに戻れば相手選手のグラブさばきの技術の高さに見とれた。そして選手、監督、記録員も含めた全員が、戸田に奪三振の大会記録を築かれつつあることに気付いていなかった。

それは戸田も同じだった。九回のマウンドに上がる際、井元《いのもと》俊秀監督（81）から「全部三振を取ってこい」と言われ、やってのけた戸田は「無安打試合とかは気付くだろうが、三振の数はね。試合が終わって新記録を知った」と語る。

首里の徳田安太郎監督（故人）は4月7日、泊港に帰郷した際、沖縄タイムスのインタビューに「今後は、打撃面に力を入れなければならない」と答えている。宮里は「夏の選手権大会で名誉挽回するんだ、という思いがあった」と思い返す。

母校で猛練習が始まった。グラウンドでノックを続ける野球部OBの息が上がると、すぐに次のOBが現れた。打撃練習ではマウンドの手前から投げて速球対策にも力を注いだ。暗くなるとベースランニング。宮里は「あれだけ厳しい練習をして、負けてたまるかという気持ちだった」。首里の初勝利は、悔しさと厳しい練習が原動力となった。

奪三振について、戸田に三振を喫した1人、又吉民人（72）が後日談を語る。2012年夏、桐光学園（神奈川）

沖縄タイムス　1963年3月30日　土曜日

首里、力およばず零敗

戸田の速球に手が出ず

第35回 選抜高校野球

全員三振、大会記録21

"首里高"に思いやり

応援団、ガッカリしたが

好球をねらい打ち

首里のPL学園戦敗北を伝える63年3月30日付沖縄タイムス。選手権大会初勝利の原動力になった

の松井裕樹投手（現楽天）が今治西（愛媛）から22三振を奪ったことを喜んだ。「首里の記録は破られたぞと。するとある人から春のセンバツと夏の選手権は別だと言われたよ」と苦笑する。首里の21三振は現在も大会記録だ。

県民に大きな夢や自信

春のセンバツで敗れた悔しさをバネに１９６３年８月、悲願の夏の甲子園初勝利を果たした首里ナインは互いに抱き合い、うれし泣きに暮れた。

報道陣に引っ張りだことなった主将の宮里正忠、投手の又吉民人、一塁手の垣花米和は「目標を達成し、全てが終わったような感じだった。落ち着いてから、次の試合があると気付いた」と口をそろえる。まだ初戦２回戦を終えただけだが、ついに手にした1勝の重みは大きかった。

歓喜から2日後の8月15日、3回戦で下関商（山口）と対戦。主戦で後に西鉄に入団した池永正明が故障欠場したため善戦が期待された。しかし初戦の勢いを出すことができず、4安打、被安打11の0－8で敗退した。

それでも、歴史的勝利に沖縄は沸きに沸いた。21日に首里ナインを乗せた「ひめゆり丸」が那覇港に到着すると、野球関係者ら約１５００人が駆け付けて出迎えた。バスとトラックに分乗した一行は西武門－国際通り－安里－山川をパレードし、首里高では花火が打ち上げられた。

垣花は「那覇港や首里高での歓迎ぶりはすごかった。アイドルになったような気分で、自分を見失うほど。すっかり舞い上がってしまった」とその時の熱狂ぶりを思い出す。初勝利した日大山形戦で先発した玉那覇隆司（73）の自宅の前で、首里高の女子生徒が帰りを待っていたこともあった。

沖縄の高校球児にも大きな夢を与えた。首里と善戦した他校の野球部は「次は自分たちも」と夢を描いた。又吉は「遠い存在だった甲子園が、身近に感じられるようになったと思う」と語る。

夏の大会後、中堅手の安里陽宣（故人）は全日本高校選抜メンバーでハワイ遠征に参加。玉那覇は実業団の全鐘紡（現在は解散）と愛知学院大学からスカウトが来るなど沖縄野球の実力が認められ「自信がついたし、全国で通用するんだという気持ちが湧いた」と思い返す。

それは球児だけでなく、沖縄の人々の心に深く響いた1勝でもあった。宮里は「ウチナーンチュの頭の上の、重い石のようなものをはねのけた。ヤマトでも通用するんだと」。多くの人々が、胸の中の劣等感を高校野球に重ねて、彼らの勝利をわがことのように喜んだ。

夏の選手権や春のセンバツの舞台となった甲子園球場や西宮球場のある関西は、戦前から移住する県出身者も

沖縄タイム
第3種郵便物認可

おな子で、年下の子供に親切だった。キャンプに行くと喜んでいた面影が忘れられない」と目頭を押えていた。級友の一人は、どういうわけでこうなったのだろうか。同級のいいつけには絶対服従するほどだったのに…」と語った。また学校には職員やPTA関係者がつぎつぎ姿をみせ、悲しい雰囲気につつまれていた。

あんなに喜んで出たのに…

あんなに喜んで出かけたのに…こんなかわりはてた姿で帰ってくるなんて…。日ごろから非常におとなしく、家庭や学校でも先生のいうことをよく聞く子でした。下にはまだ小さい弟や妹がいますが

〝つぎは二勝、三勝〟
首里高に盛大な出迎え

晴れわたった二十一日の那覇港は午前九時、関西汽船のひめゆり丸が甲子園大会に出場した首里高ナインと全国日大学選抜野球チームを乗せて入港した。この日の那覇港はみどり丸の試合で停泊中の船舶は満艦飾をかかげていたが、ひめゆり丸の入港で久しぶりに賑い、埠頭では野球関係者や父兄、同窓生約千五百人が出迎えた。

第四十五回の全国高校野球選手権大会に出場した首里高校は山形代表の日大山形を破って沖縄から甲子園に出場以来初の一勝をあげたが、どの顔もほころびげに「この一勝で自信がつきました。これからは二勝三勝を目標にがんばります」と自信に満ちた表情。船でユニホームに着替えた首里高ナインは校歌に迎えられて元気よくタラップを降りた。

埠頭の歓迎式で阿波根文教局長、竹内同窓会長、知念PTA会長が「みなさんの活躍は高校野球に輝しい一ページを記した。これからは優勝への道を切り開いてもらいたい」とあいさつ。富原団長と宮里主将が「一勝をあげたのはみなさんの激励のたまものです。こんどは二勝、三勝を目標にがんばりたい」と謝辞をのべた。そのあと一行はバスとトラックに分乗して西武門－国際通り－安里－山川を市内パレードした。

国際通りをパレードする首里高ナイン

激励に感謝

富原団長の話　四十年の教員生活でこんなに感激したことはない。日大山形との試合は全員が打って一丸となってぶつかったから勝てただろう。大阪や東京在住の県人会から非常な激励をうけた。下関商との試合は相手が優勝候補だということと随分あがっていたと思う。安里君が全日本選抜のハワイ遠征メンバーに選ばれこんなうれしいことはない。

福田監督の話　グラウンドの恥はグラウンドでかえす覚悟でいたがそれが実現できた。甲子園出場二度目でおちついてプレーできたのと上阪してから立命館大学の面倒でじゅうぶん練習できたのが一勝をあげた原因だと思う。技術的な面では玉那覇がけん制球で二人を刺し、伊佐が盗塁をよく食いとめた。今後はこまかいプレーを身

首里の沖縄勢初勝利を祝うパレードが行われたことを伝える1963年8月21日付沖縄タイムス

多かった。かつては店に「沖縄人、朝鮮人お断り」の張り紙が貼られ、差別された。沖縄出身だと知られたくないと、高校野球の応援に行かないウチナーンチュもいた。

沖縄県人会兵庫県本部の大城健裕会長（76）は「差別を味わったウチナーンチュが、高校野球で勝利することで全国と同等な立場になったと感じたと思う」と振り返る。

首里はその後、69年の選抜で広島商に0－12と敗れて以降、聖地から遠ざかっている。玉那覇は「母校にまた出場してほしい。技術指導やカンパなどOBの力を活用してもらいたい」。首里の活躍を見届けた「震天動地」ののぼりが、再びアルプスで掲げられることを夢見ている。

沖縄勢で夏の選手権初勝利を挙げた試合で先発した玉那覇隆司さんと記念品＝那覇市首里鳥堀町

躍動

1968年・興南　初のベスト4進出

精神力　対戦校驚く

旋風はいつだって突然巻き起こる。首里が初勝利を挙げてから5年がたった1968年の第50回全国高校野球選手権。沖縄勢初の「2勝」を目標に掲げて夏の甲子園に挑んだ興南ナインが躍動した。岡谷工業（長野）を下して2回戦に進出。岐阜南に逆転勝ちして目標だった3回戦に進み、勢いそのままベスト4まで駆け上がった。「興南旋風」は沖縄中を熱狂の渦に包み込んだ。

興南の甲子園初出場は66年夏。当時1年生だった我喜屋優（67）＝現興南高監督＝は、スタンドから声援を送った。ドルを円に交換し、パスポートを手に大阪へ。初めて見た甲子園に「外野の緑に、黒土。観客席もすり鉢状で、こんなところで野球をやるのか」と興奮は収まらなかった。試合は初戦の1回戦で、延長十回に竜ケ崎一（茨城）に5－6で敗れたが「みんなでここに来よう」と目標は大きく膨らんだ。

「俺の使命はただ一つ、優勝させることだ。（中略）なにがなんでも優勝せんといかん。一位もビリもオンナジヤ！」。後に甲子園勝利投手となる多賀（旧姓＝安次嶺）信一（67）は、1年生の頃、日記にこんな言葉を書いた。甲子園初出場から、2年後の68年、県春季大会を制して臨んだ九州大会では、鎮西（熊本）を10－4の大差で下して8強入り。準々決勝で小倉（福岡）に2－5で敗れたが、多賀は「力の差は全くない。相当自信になった」。

当時コザの監督だった安里嗣則（78）＝県高野連顧問＝は「興南のしぶとさはすごい。精神的な差で負けた」と振り返る。裏付けるエピソードがある。興南と対戦した夏の県大会準々決勝は、3－3で延長戦に突入。十一回、コザが2点を奪い「よしっ。これで勝った」と確信したのもつかの間、その裏に2点を返され試合は振り出しに戻った。

ダッグアウトは風も通らない蒸し暑さ。頭に水を掛けながらプレーするほど、気温も高かった。同点に追い付かれ、マウンドのコザの投手は、ベンチに戻り安里に「もうだめです」と自ら降板を願い出た。「主将で4番でエ

3回戦で海星を破り、試合後に肩を組んで笑顔を見せる興南の我喜屋優主将（左）と多賀（旧姓＝安次嶺）信一投手＝1968年8月19日、甲子園球場

ースなのに。興南の『何が何でも勝つ』という圧力に、圧倒されていたのかもしれない」と安里。試合は延長十五回に興南がサヨナラ勝ち。4時間15分の激闘だった。

接戦を重ねるごとに強さは増した。決勝の糸満戦は相手の失策も重なり、興南が6安打で5得点を挙げ九回まで3点リード。代打で出場し、最後の打者となった糸満の神山昴（66）＝現KBC学園未来沖縄高監督＝は「絶対打てると思っていた。いい当たりだったのに」とサードゴロ。興南が夏3連覇で甲子園出場を決めた。

我喜屋が「いい選手はほとんどやめてしまった」と話すように、厳しい練習に耐えかね、100人近くいた同

エースとして興南を4強に導いた多賀（旧姓＝安次嶺）信一さん。当時記した日記には力強い言葉が並ぶ＝沖縄タイムス社

学年の選手は3年間で10人以下まで減っていた。それでも「チームが一つになり、チームワークの良さで勝てた」とも思う。苦難も共に乗り越え、選手間の絆はより一層強固になった。

初の4強　実力でつかむ

興南が2度目の甲子園出場を決めた1968年は、11月に主席公選が実現するなど沖縄で復帰の機運が高まった年だった。興南ナインへの記者の質問も「授業は英語でやっているのか」といった野球に関係ないものばかり。我喜屋優は「政治に結び付けようとするし、応援も『どうせ負ける』と同情的なものが多かった」と振り返る。

だが、勝ち上がるごとに周囲の反応にも変化が出た。初戦の岡谷工（長野）戦は、プロ注目の豊田から10安打を放ち5得点。エースの多賀（旧姓＝安次嶺）信一も「誰もいない所でやる野球ほどつまらない。人が多くて楽しかった」と速球に落差のあるカーブを混ぜ、8安打3失点で初戦を突破した。

2回戦の岐阜南戦は初回に4失点したが、八回に4得点して逆転勝ち。この年の1月にあった岐阜の合同チームとの親善野球では、興南が入った南部合同チームは8－15で敗れており、多賀は「気性の激しいやつほど感激していた」と校歌を歌って、喜びの涙を流した。我喜屋は「一つの壁を越えられたと思う」。

続く3回戦は海星（長崎）に完封勝利し、準々決勝でも盛岡一（岩手）を10－4で破って県勢初の準決勝に進出。68年8月21日付の沖縄タイムスは「全沖縄に〝興南台風〟」の見出しで熱狂ぶりを伝える。那覇市内の病院では患者も看護師もテレビの前にくぎ付けになり、官公庁の窓口はがら空き。興南の快進撃を祝い、宮古の映画館では300人の無料招待まで行われた。

「判官びいき」はなくなった。甲子園から西宮市の市場を通って帰ると、市場の人から声援が送られた。旅館には多くのマスコミが待ち構え、中に入ってサインを求めるファンも。女優の吉永小百合さんから差し入れが届いたという。「『興南に当たったらラッキー』から『侮れない』に変わった。みんながうちの実力を応援してくれるようになった」と我喜屋。一方で落とし穴もあった。「優勝できるという雰囲気が大きすぎた。魔物が出た」

連戦で疲労がたまった。興国（大阪）との準決勝前夜、多賀は馬肉で肩を冷やして連投の疲れを癒やしたが「体が動かない。五回までエンジンも掛からなかった」（多賀）と6失点で降板した。継投した我喜屋も興国打線を止められず、0－14で敗れた。

２０１０年夏、我喜屋は甲子園のベンチに、多賀はアルプスタンドにいた。「（優勝という）逃がした魚は大きかったが、後に続く後輩たちがやってくれると信じてた」。その年のセンバツを制した興南は、夏の決勝で東海大相模を破って史上６校目の春夏連覇。興南旋風から42年、深紅の優勝旗はついに海を渡った。

多賀は63歳の時、中咽頭がんを患い、日常生活は筆談でやりとりする。「僕は興南のＯＢだが、我喜屋のファンだよ」。「魂知和」と記した校章のワッペンを自作し、「ふたたびつかむぞＮｏ１」と書いた名刺を持ち歩く。１００回大会は興南が出場すれば甲子園に応援に行くつもり。その時が来る日を待っている。

オープンカーに分乗して国際通りをパレードする興南ナイン＝1968年８月31日、那覇市

旋風から42年、那覇空港では県勢初の春夏連覇を果たした興南ナインを多くの県民が出迎えた＝2010年８月22日、那覇空港

4強の壁

1975〜78年・豊見城　強豪県沖縄　全国が認識

赤嶺力投　センバツ8強

甲子園通算29勝を誇る栽弘義（故人）が初めて甲子園出場を果たしたのは、1975年春の第47回センバツだった。豊見城を甲子園初出場に導き、年齢制限で選手登録できない亀谷興勝を「監督」に仕立てて、自身は「部長」としてベンチに入った。当時の豊見城は優勝からはほど遠い「C」ランク。だが、その評価は一変することとなる。

エースナンバーを背負ったのは、新2年生の赤嶺賢勇(59)。1年の夏からマウンドに立つ逸材だ。1回戦で習志野（千葉）に3－0で完封勝利を挙げると、2回戦も日大山形に4－2で勝利。あれよあれよとベスト8まで勝ち上がった。

4強を懸けた準々決勝の相手は、神奈川の雄・東海大相模。高校通算44本塁打を誇る大会屈指の強打者で、後に殿堂入りした原辰徳を擁する優勝候補の筆頭株だ。赤嶺は「これまでの沖縄は強豪でもなく、1回戦負け。負けてもともと」と気負わず「相手の胸を借りるつもりで。真正面から逃げないピッチングをやっていこう」。

だが試合は、多くの予想を大きく覆した。初回、豊見城の守りは単打と失策で走者を2人出したが、後続を抑えて無得点に。その後は四回を除き、六回まで三者凡退。一方の攻撃では七回に先頭・赤嶺の内野安打を皮切りに、3連打で先制点を挙げた。

八回に1死一、三塁のピンチを背負ったが、三振と中飛で切り抜けた。八回を終えて赤嶺が東海大相模に許した安打はわずか四つ。11三振を奪う快投で迎えた最終回。先頭の森を一ゴロに打ち取り、4打席目となる3番原を打席に迎えた。

正々堂々、真正面から―。赤嶺はわずか2球で追い込むと、3球目は外角低めのストレート。原のバットはぴくりとも動かず、見逃し三振。赤嶺は「一番注目された打者を三振にして2アウト。やったという感じだった」。4強まで、あとアウト一つ。だが、甲子園の魔物が牙を向いた。

４番津末が赤嶺の直球を捉えた当たりは、右翼線への二塁打。次打者に中前打を浴び、同点に追いつかれた。さらに２死一、二塁とされると、７番山口の詰まった打球はふらふらと一塁後方へ。背走で追った一塁手の砂川和男は、体勢を崩しながらも懸命にグラブを伸ばす。一度は収まったボールは、砂川が地面に倒れ込むとグラウンドにコロコロと転がった。

二走が逆転のホームを踏んでサヨナラ負け。「あり得ないことばかり起きた。頭の中が真っ白だった」と赤嶺。目の前にあった大金星がこぼれ落ちた。

68年の興南旋風以来となる沖縄勢２度目の４強進出はならなかった。だが、この試合をきっかけに「豊見城」

準決勝進出を懸けて、強豪の東海大相模（神奈川）相手に力投を見せた豊見城の赤嶺賢勇＝１９７５年４月４日、甲子園球場

1975年のセンバツで豊見城高校は初の甲子園でベスト８まで進出、ベンチから指示を出す栽弘義部長＝1975年４月２日、甲子園球場

の名は全国に知れ渡ることとなる。６季連続の甲子園出場に３年連続の夏８強入り。沖縄の高校球史を彩る、豊見城時代が幕を開けた。

６季連続の出場へ

１９７５年夏の全国高校野球選手権沖縄大会は、波乱が待っていた。大本命は、その年のセンバツで８強入りした豊見城。だが準決勝でコザに３－４で敗れ、春夏連続出場を逃した。当時２年生だった岸本幸彦主将（59）は「全員が甲子園に行けると思っていた。足をすくわれた」と振り返る。２年生エースの赤嶺賢勇も「教訓になった。油断したらどんなチームも勝てない」。勝負の怖さを知った。

３年生が引退し、練習はより厳しくなった。夏休みは朝８時から夜８時まで汗を流した。豊見城で指揮を執った栽弘義（故人）は「野球の練習ほど不経済なものはない」が口癖。部長を務めた宜野座嗣郎（82）は「１年生も有効にトレーニングして鍛えたい。どう工夫するか、いつも考えていた」と振り返る。空き缶にセメントを詰めたバーベルに、タイヤ２個で作った打撃マシン。２本の木の間に古いネットを結んで即席の防球ネットを作り、新聞紙を丸めた紙ボールで、どこでも打撃練習ができた。

岸本は「先輩より背が低く、打球も半分しか飛ばない。比較され『おまえたちは』と叱咤《しった》激励された」と話す。だが厳しい練習の成果は表れ、県内では公式戦負けなし。九州大会で準優勝し、２年連続のセンバツ出場。ここから６季連続出場が始まった。

76年夏、赤嶺は身体に違和感を覚えながら登板した。同年のセンバツは土佐（高知）に初戦敗退したが、実は大会直前の練習で肋骨《ろっこつ》を骨折していた。「あまりにも痛くて。前日に『だめです』と言おうと思ったら、栽監督に『先発だ』と」。完投したが、本来の投球とはほど遠かった。「１、２年生の時が一番良かった。肋骨を痛め、球がホップしなくなってしまった」

それでも夏の甲子園初戦は、鹿児島実業に被安打９で完封勝利。骨折前と比べ球威は落ちたが、走者を出せばギアを上げて得点を許さない。岸本が「２点を取ったら負けない、３点を取れば勝つと言われた」と話すように、３回戦は小山（栃木）を２－１で下し２度目の８強に進んだ。

準々決勝の相手は、甲子園出場２度目の星稜（石川）。くじを引いた岸本は「聞き慣れないチーム。ベスト４確定とみんな喜んだ」。主戦の小松辰雄は２年生で、赤嶺も「大した投手ではないイメージだった」。だが先制し

たのは星稜だった。二回、先頭打者に二塁打を浴びると、続く小松への3球目。「すっぽぬけのカーブ」（赤嶺）は

ベスト8に進出した豊見城ナイン。那覇空港では多くの県民がねぎらった＝1976年8月21日

左翼フェンス直撃の二塁打となり、1点を奪われた。

小松も尻上がりに調子を上げた。地面からグンと伸びるような剛速球が打者の内角をえぐる。球速145キロ以上に感じたという岸本は「試合は2時間もかからなかったのでは。何もできなかった」。4安打、0―1の完封負け。赤嶺は後に中日に入団した小松から「豊見城戦が1番調子が良かった」と聞かされた。

68年興南旋風以来の4強は逃したが「最初から勝つことは頭になく、負けるなら接戦で、が目標だった」と赤嶺。悔し涙を流したが「これで終わったなと。ずっと休みなしだったから解放感もあった」。

岸本は「周囲の応援も変わった。『弱いから助けてあ

主将として1976年に甲子園出場を果たした岸本幸彦さん。現在は沖縄カトリックで監督を務める＝那覇市内

げよう』ではなく、実力が評価されたと思う」と実感を込める。豊見城の躍進は、全国に「野球の強豪県・沖縄」を知らしめた。

3度目の正直ならず

沖縄県勢が夏の全国高校野球選手権で8強以上に進出したのは14回あり、うち3回は豊見城だ。１９７６年、エース赤嶺賢勇を擁した初出場から3年連続で8強進出。しかし、いずれも準々決勝で敗れている。４強への厚い壁。選手はどう感じていたのだろうか。

77年、後にドラフト2位で阪急ブレーブスに入団する捕手の石嶺和彦（57）は当時2年生。豊見城は石嶺と下地勝治のバッテリーで、夏の県大会決勝は宮古を４－０で破って甲子園に出場。初戦の2回戦で水島工業(岡山)を9－2で下し、3回戦は延長十一回の末、広島商業に1－0で勝利した。春夏通じ3度目の8強進出だった。

準々決勝は地元兵庫の東洋大姫路との対戦。大会一の左腕と呼ばれた松本正志（後に阪急入団）を相手に、打撃戦の様相を呈した。取っては取られる展開。両チームで計21安打の打ち合いは、東洋大姫路が8－3で勝利した。豊見城は8安打を放ったが、好機で併殺に打ち取られるなど不運が重なった。試合後、下地は「ここまで来られたので満足している」とコメントしている。石嶺も「優勝候補を相手に善戦した。また来年もあると思った」と振り返る。

その1年後、豊見城は再び準々決勝の舞台に立った。岡山東商を相手に豊見城は二回に先制。四回には石嶺がフルカウントからカーブをレフトスタンドに運び追加点を挙げた。五、八回にも加点。だが八回裏、岡山東商に3得点を許して追い付かれ、勝負は延長戦にもつれ込んだ。

先発の神里昌二はカーブが決まらず、直球を狙われた。ベンチ入りした譜久山長儀（57）は「ボールがお辞儀していた。相当きつかったんだと思う」とおもんばかる。そして延長十回裏、豊見城の守り。先頭に中前打を浴び、死球も重なって1死二、三塁とされた。バッテリーは続く打者に四球を与え満塁策を選択。9番藪井はスクイズを敢行。神里がグラブトスした石嶺への送球はそれ、サヨナラの走者が生還した。

「正直いい展開では来ていた。もしかしたら勝てたかなとの思いもある」と石嶺。タイミングは微妙で、それていなければアウトにできたかもしれない。それでも「最後の大会であり、味わったことのない安堵《あんど》感。ああ、終わったなと」。サヨナラの走者が帰り、歓喜に沸く相手

第60回大会３回戦の東筑戦で選手に指示を出す栽弘義監督（右から２人目）、右端は石嶺和彦捕手＝１９７８年８月17日、甲子園球場

ナインをよそに、バックネット裏に転がったボールを拾い、球審に手渡した。

３度目の正直はならなかった。豊見城は40年がたった今も甲子園での最高成績は８強のままだ。赤嶺は「いま振り返ると、なんて運のないチームなんだろう」と苦笑する。４強の壁はあったのか。76年主将の岸本幸彦は「僕たちは感じなかったが、もしかしたら栽先生は感じていたのかもしれない」とも思う。

78年主将の島袋一夫（58）は試合を終えて「（準決勝が）目の前で残念ではあったが、負けた瞬間、糸がぽんと切れた感じ」。応援団にあいさつする豊見城ナインには笑顔もあった。石嶺は「ほとんどの高校生が県大会で終わってしまう中、甲子園まで来られて最後の８チームに残ることができた」と晴れやかな表情で語る。そして、こう付け加えた。「充実した高校生活だったと思います」

躍進再び

1980〜83年・興南　低迷から復活

個性見極め選手を育成

豊見城が夏の甲子園で1976〜78年に3年連続で8強入りした後、栽弘義監督（故人）が沖縄水産に異動して県内は群雄割拠の様相を呈していた。その中から頭一つ抜け出したのは、どん底から復活を遂げた興南だった。68年、県勢初の4強で全国に旋風を巻き起こしたが、その後は低迷。部員9人でチームをつくるのがやっとという危機的状況もあった。興南は再建に向け、社会人野球の西濃運輸を経て兵庫県の名門・報徳学園の次期監督が内定していた比屋根吉信（66）を指導者として呼び寄せた。

兵庫県出身で両親が沖縄出身の比屋根は、教員になって1年後に監督に就任した。掲げたのは「小さなことを積み重ねて大きなものをつくり出す」という意味の〝積小致大〟。「沖縄の野球を変えるため、自分から仕掛ける。5年で勝つ」（比屋根）。言葉通り監督5年目の80年に12年ぶりに甲子園に出場すると、快進撃で8強入りを果たす。83年まで春を合わせて甲子園に計6回出場し、優勝候補の一角にも挙げられるなど「興南旋風」以来の躍進となった。

比屋根が興南で監督時代に育てた中で、後にプロ入りしたのは渡真利克則内野手（80年阪神ドラフト2位）や仲田幸司投手（83年同3位）、友利結＝デニー友利投手（86年大洋1位）ら計10人。それでも決して中学時代のエリートばかりを集めたわけではなく、控え投手や野球以外の競技をやっていた選手も多い。

8強入りした80年。これまで小柄だった沖縄のチームが突如、大型化した時期だった。平均身長は176センチで全国一。だが、それも「たまたまだった」（比屋根）。

渡真利（55）は陸上の走り高跳びやバスケットボール、サッカーなどをこなし、専門的な指導者がいなかった野球は「兼業」の域を出ず、興南に進学したのも偶然だった。特待生でもなかった渡真利は当初投手で、当時は身長168センチ。厳しい練習に「毎日『明日は辞めようかな』と考えていた」が一つ年下の竹下浩二に投手の座を譲り、野手として3年間耐え抜いた。身長も伸びて184センチの大型三塁手として開花した。

185センチの金城博和（80年日本ハム2位）も入学当初は筋力がなかったが、体の柔らかさという素質があり、渡真利らと共に強力打線の一角を担った。中学時代バレーボール選手だった内間邦彦は、比屋根に「3年後はすごいショートになる」と素質を見いだされ、2年で主力に。進学した法政大で4番を任されるまでになった。

仲田幸も那覇中時代は投手として制球が定まらず2番手にさえなれなかったが、伸びのある速球を見いだされて後のエースとなった。仲田幸の女房役を務めた仲田秀司（83年西武5位）は中学時代に県大会準優勝投手で、高校から捕手にコンバート。仲田幸－仲田秀の2年生バッテリーで82年に16強入りし、翌年は甲子園の優勝候補

12年ぶりの甲子園出場を決め、ナインの手で宙を舞う興南の比屋根吉信監督＝1980年7月20日、奥武山球場

興南12年ぶり夏の甲子園出場で主軸として8強入りに貢献した渡真利克則さん＝兵庫県・阪神鳴尾浜球場

として注目された。

人材を集めることに力を注ぐのではなく、集まってきた選手の特性を見極めて適材適所で育て上げた名将。「与えられた人材で何ができるか。良い人材がいても『育ったらいいな』では育たない。受けた条件をのみ込んで、資源がないなら人材を育成するしかない」。甲子園出場だけを目指すのではなく、選手の卒業後の将来まで見据えて育てる自身の野球哲学で、沖縄野球史の一時代を築くことになった。

猛打で快進撃

1980年7月20日、7千人の観衆を集めた当時の奥武山球場は緊張感と熱気に包まれた。夏の大会で12年ぶり優勝を目指す興南と、17年ぶり優勝を目指す首里。共

12年ぶり夏の甲子園で8強入りの快進撃を振り返る真栄田聡さん＝興南高校

に名門復活を懸けた決勝は両エースの好投と無失策の堅守で、スコアボードにゼロが並んだ。

均衡を破ったのは興南だった。八回裏にエース竹下浩二がバットでも奮起の三塁打。続く石川吉和が引っ張った打球が前進守備を敷いた三塁手の頭を越え、1点が入った。

九回表、先発の竹下が二塁に走者を出したところで継投した玉寄尚が三塁まで進めながらも反撃を断った。この名勝負は今でも高校野球ファンに語り継がれている。

準決勝まで猛打で勝ち上がってきた興南。決勝では一転して投手戦となった展開に、2人の2年生投手を支えた3年生捕手の真栄田聡（55）＝現興南高野球部長＝は「どっちが勝ってもおかしくなかった。ヒットが出なくて我慢の試合だったが、2人が安定して投げてくれた」。

優勝を決めた時は実感が湧かなかったといい、「祝勝会をやっていくうちに『本当に甲子園に行けるんだ』と思えるようになった」とかみ締めた。

県大会5試合でチーム打率3割3分8厘、3本塁打を含む20本の長打を誇る打撃力は、甲子園の舞台でもいかんなく発揮された。

5回表、興南の捕手・真栄田聡が、早実の一走・荒木達夫の盗塁を二塁手前で刺す。タッチするのは遊撃手・内間邦彦＝1980年8月19日、甲子園球場

初戦の2回戦は主砲・渡真利克則の2点ランニング本塁打などで新湊（富山）に7－2の圧勝。旭川大（北北海道）との3回戦は竹下、玉寄の完封リレーと先発全員安打で攻守がかみ合い、14－0で8強入り。68年のベスト4以来の「興南旋風」再来かと県民が沸いた。

「誰かが悪くても誰かが打ってくれた」と渡真利。「まさか甲子園で校歌を歌えるとは」と感激に浸っていた。

だが、勢いづく興南に早稲田実業が4強の壁として立ちはだかった。1年生投手の荒木大輔（後にヤクルト）が甲子園のスターへと駆け上がる時だった。

「それでも1年生だろ?」（真栄田）。その考えは甘かった。いざ対戦してみると、決して速球派ではない1年生に翻弄《ほんろう》された。真栄田は「コントロールが良かった。変化球が大きく曲がり、真っすぐが速く感じた」、渡真利も「そんなに速くなかったけどキレが良く、ビシビシ来た」。自慢の強力打線はわずか3安打に抑えられ、0－3で敗れた。

早実は荒木だけのチームではなかった。「守備が堅実で、打たれたという気はないけど、ここぞという時に点を取られた」と真栄田。それまで何度も早実の盗塁を刺していた真栄田だったが、八回に初めて盗塁を許し、とどめの3点目につながった。「そこまでやるのか」。アウトになっても次の塁を狙う強豪校の貪欲さを思い知らされた。

それでも12年ぶりの8強入り。最初で最後の甲子園となった3年生の渡真利は「沖縄の赤土とは違って黒土にスパイクがサクサク入っていく感じが印象的だった。みんなが応援してくれて楽しかった」と夢の舞台を振り返る。

県勢には珍しい平均身長176センチの全国一大型のチームはその後、次第に強打からスピード野球へと変化を遂げ、県民と甲子園を沸かせ続ける。

4年で6度甲子園

甲子園で12年ぶり8強入りを果たした興南は、2年後の1982年にも全国で飛躍した。速球派左腕の仲田幸司（53）と強肩強打の仲田秀司（52）の2年生バッテリーを中心に1、2回戦とも1点差で制した。3回戦は仲田幸が広島商を被安打2に抑えながらも制球に苦しみ、2－4で逆転負けを喫した。それでも16強入りを果たし、興南の名を全国に知らしめた。

秋になると、沖縄の高校野球史上類を見ない「快足軍団」へと成長する。陸上100メートルで県中学タイ、200メートルで県中学記録（いずれも当時）を持つ遊撃手の平田望（52）を筆頭に、スタメン8人が100メートル11秒台。バッテリーも脂が乗り、県大会で順当に優勝した。九州大会では仲田幸が3試合で32奪三振の好投で初優勝を飾り、比屋根吉信監督も「私が7年間見てきた中で一番強い」と誇る。

九州を制覇し全国優勝候補に名乗りを上げた興南だが、センバツでは一発に泣いた。

上宮（大阪）との1回戦は1－0で迎えた九回裏、仲田幸が2死走者なしから6番打者に被弾。「なめとったんでしょうね。真っすぐさえ投げておけば大丈夫だと」（仲田幸）。延長十回のサヨナラ負けも、併殺崩れの失点だったと悔やむ。

それでも実力は本物だった。5月の招待試合では、清原和博と桑田真澄が1年生で投打の軸となっていたPL学園（大阪）に3－1で勝利。エースで4番の水野雄仁を擁し夏春に全国制覇した池田（徳島）にも5－0で完封勝ちして、勢いに乗った。

県大会決勝は栽弘義監督（故人）率いる沖縄水産との県内頂上決戦。後にロッテに1位指名される比嘉良智投手と阪神に3位指名される仲田幸の好投手が投げ合った。「どっちが勝ってもおかしくなかった」（仲田秀）という接戦を３－１で制し、４年連続で夏の甲子園切符を手にした。

　県勢初優勝の期待を背負って甲子園球場に乗り込んだ興南ナイン。平田も「優勝するつもりだった」と負ける気はしなかった。長野商との１回戦は、対戦する機会が少ない下手投げに苦戦しながらも、延長十回に仲田秀の左中間への適時二塁打で２－１のサヨナラ勝ちを収めた。

興南－長野商　興南延長 10 回裏、仲田秀司の左中間二塁打で平田望（右）がガッツポーズで生還。迎えるのは仲田幸司（左から２人目）＝ 1983 年８月８日、甲子園球場

　２回戦は前年夏に敗れた広島商との再戦。この試合を平田は今でも鮮明に覚えている。３－１で迎えた六回裏、内野への高いフライが上がった。県大会では失策をした覚えがないという名手・平田。台風接近に伴う強風に球が流され、足場の芝と土の境目が気になった。それでも取れるはずのフライを落球し、このワンプレーを機に逆転負け。仲田幸は被安打４に抑えながら、10安打を放った興南は３－４で敗れた。

「何で取れなかったのか、いまだに分からない。あれからフライが取れなくなった」と平田。進学した法政大や社会人野球の日本石油（現ＪＸ－ＥＮＥＯＳ）時代もフライは他の野手に任せるほど、責任を感じていた。「甲子園を見ると、自分のミスで責任を感じ大泣きしている選手の気持ちが分かる」。32歳で現役を引退してやっと「『大したことないよ』と思えるようになった」。

　４年間で春夏合わせて６度の甲子園出場を果たした興南の一時代が終わった。比屋根監督は「６回のうち３回は全国制覇できるぐらいのチームだった」と振り返る。その後沖縄は、沖水の１強時代に突入する。

旋風再来

1984〜91年・沖水　連続出場、頂点目前へ

県勢20年ぶり　4強進出

1988年8月20日、第70回全国高校野球選手権準々決勝、窮地に立たされていた沖縄水産を救ったのは、主将の上間孝史（48）の一振りだった。5年連続で夏の甲子園に出場していた沖水は、2年ぶりに8強進出。浜松商（静岡）に1点を先制され、八回まで無得点に抑えられ、九回裏の攻撃を迎えた。

この回、先頭の6番唐真勝吉が左前打で出塁。続く仲田勝紀が犠打で送り、8番上地哲司が4球目のカーブを左前にはじき返して同点に追い付いた。なおも1死一塁とチャンスは続く。ここで栽弘義監督（故人）は、ベンチで1番打者の上間にこう指示を出した。「(9番の)山川光浩に送らせるから、お前に任せる。絶対に打てるから」

山川が犠打で送り、2死二塁で迎えたこの打席を、上間は30年が過ぎる今も鮮明に覚えている。「唐真くんがセカンドから帰り、ハイタッチした時に目がうるうるしていた。栽先生も『任せる』と言ってくれた」。初球から連続で外れ、3球目はストライク。「次が勝負」と打ちにいった4球目は三塁側のアルプススタンドに入ってファウルとなり、追い込まれた。次もファウルで粘る。ここまで全て直球だった。

勝負を決めたのは7球目だ。「真ん中高め。気を抜いて見逃そうと思ったら、すっと落ちてきた。アッと思ったらバットを振っていた」。初めて来たカーブを無我夢中で振り抜くと、ボールは右翼手の前に落ちた。一塁を踏んで振り向くと、二走の上地が生還したのが見えた。「神様はいるんだなと、初めてうれしくて泣いた。一生忘れられない」と上間。68年の興南旋風以来となる県勢20年ぶりの4強進出は、劇的なサヨナラ勝利だった。

この年、沖水は5年連続で夏の甲子園に出場。準決勝まで全てコールド勝ちし、決勝でも八重山に8－0で快勝した。それでも、上間は「自分たちの代は長打力のある人がいないし、体も大きくなかった」と言う。事実、2年秋の県大会では準々決勝で知念に敗れている。甲子

浜松商（静岡）にサヨナラ勝ちして準決勝進出を決め、アルプス席に駆け出す沖水ナイン＝1988年8月20日、甲子園球場

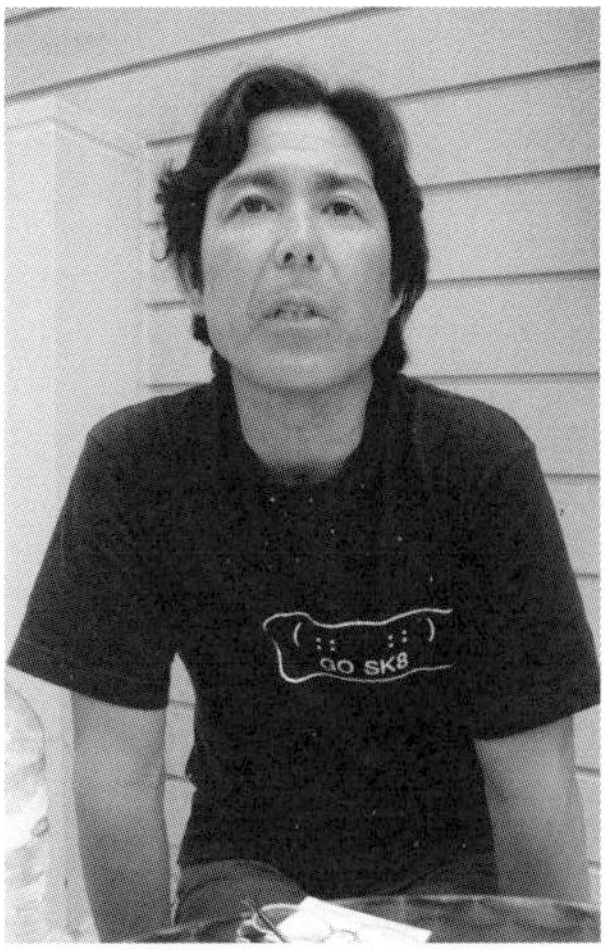

準々決勝でサヨナラ打を放った沖水主将の上間孝史さん。「一生忘れられない打席だった」と振り返る＝那覇市内

園4強の原動力は何だったのか。3番打者の伊礼忠彦（47）は「個の力はそこまで無いが、全員で一つのボールを追うことが勝因につながった。みんなでつなぎ、1点を取ることに集中した」と語る。

レギュラー9人のうち、半分近くが100メートル11秒台。中学の陸上の県大会100メートル決勝で1、2位の選手がそろい、走力があった。日々の練習でもエンドランを繰り返し、実戦形式で打球判断を養った。剣道の小手を着けて犠打を練習することも。上原晃を擁した前チームとは異なり、走者を出せば確実に送った。

甲子園では準決勝までの5試合で18犠打。エース平良幸一（47）は「機動力はあるが、まずはバントでしっかり送る。それが確立できた」と振り返る。4強進出を決めた準々決勝、九回の2点には、いずれも犠打が絡んだ。

県勢で初めて甲子園決勝に進み、大会タイ記録の26犠打を記録した90年第72回大会の礎は、この時につくられた。

「おれが勝たせてやる」

1984年、4年間で計6度甲子園に出場した興南1強の時代は終わり、沖縄水産が頭角を現した。この年の夏、沖水は決勝で興南を4―1で下して同校初の甲子園出場を決め、5年連続出場を果たした。この記録は夏の県大会で最多連続優勝記録でもある。

沖水の歴史は、グラウンド作りから始まった。栽弘義監督（故人）赴任2年目の81年に入学した比嘉良智（52）＝後にロッテに入団＝は「高校野球の2年半のうち、ほぼ1年半はグラウンド整備だった」。埋め立て地に建設されたグラウンドからはサンゴのかけらが出た。小石も転がり、イレギュラーが絶えない。練習前に40人以上の部員が一列に並んで、小石を拾った。

練習と平行して球場の整備作業が始まった。土台となる赤土をトラックで運び、目の細かな網で巨大な土こし器を作ってふるいにかける。雨がっぱを着た選手たちがグラウンド用のトンボでさらにこす。その上にまいた黒土は鹿児島から取り寄せた。

本球場の完成後は、サブ球場の整備が始まった。83年に入学した宜保政則（50）は「整備のおかげで体ができて、ボールが飛ぶようになった。遠投力もついていた」。野球とは無関係に思える作業も体力強化につながった。

当時の新聞に目を通す比嘉良智さん。「栽先生は選手を育成することには他の監督よりもすごかった」と振り返る＝那覇市内

栽監督が赴任した80年夏は2回戦でコールド負け。だが、その翌年は準々決勝に進み、82年は4強進出と躍進した。比嘉が3年生になった83年は決勝までコールドで勝ち上がり、興南の仲田幸司、仲田秀司バッテリーと対戦して1―3で惜敗。だが両チーム計7安打の投手戦を展開し、83年7月20日付の沖縄タイムスは「31度を超す暑さをも吹き飛ばす県高校球史に残る熱戦だった」と伝えている。

夏の甲子園連続出場記録が始まったのはこの翌年からだ。84年は栽監督が謹慎処分中だったため、部長の神山昂＝現KBC学園未来沖縄監督＝が監督として指揮を執

県勢として初めて決勝に進出した第72回大会。栽弘義監督（中央）は常に笑顔でナインを励ました＝1990年8月21日、甲子園球場

り、甲子園に出場。上原晃（49）＝後に中日に入団＝が入学した85年は決勝で再び興南を破り、甲子園で8強進出した。90、91年には2年連続準優勝。県民を熱狂の渦に巻き込んだ。

毎日の練習では栽監督から厳しい言葉が飛んだが「日頃からプレッシャーをかけられて精神力が強くなり、試合になると一気に爆発できた」と比嘉。日々の成果は、それこそ本番で現れた。宜保は3年の夏、県大会決勝が始まる直前に、栽監督が選手に掛けた言葉が忘れられない。緊張に飲み込まれそうなナインに「おれが勝たせてやる。心配するな」。宜保は「初めて優しい言葉を掛けられた。『勝てるかもしれない』と暗示をかけられたのかもしれないね」と笑う。

甲子園で栽監督は一度も怒ることはなく、常に笑顔を絶やさなかった。90、91年と、甲子園での試合中に記したノートには〈笑ってやろう〉〈明るくのびのびと〉〈同じ少年なのだ。皆弱いんだ〉。そこには、選手たちを思いやる言葉が並んでいた。

準V球児　再び集結

ことし5月22日、改修工事中だった沖縄水産のメイン球場が完成し、安全祈願祭が行われた。始球式を務めたのは、夏の甲子園決勝に進んだ1990年、91年のメンバー、大野倫（45）と屋良景太（45）の2人だった。「沖水」と書かれたクリーム色の伝統のユニホームを身にまとい、大野はマウンドへ、屋良は打席に立った。2年連続準優勝の熱狂から、やがて27年の月日がたとうとしていた。

沖水は春夏合わせて12回甲子園に出場し、21勝を誇る。夏の甲子園出場は、新垣渚（後にダイエーに入団）を擁した98年が最後。県大会では、その後2000年、02年、04年と3度決勝戦に進んだが、いずれも敗れており、聖地から遠ざかる日々が続く。

16年、中部商業と糸満を計4度甲子園に導いた上原忠（55）が沖水の監督に就任した。栽弘義とは親交がある。同じ糸満市字糸満で育ち、幼い頃から栽が指揮を執る豊見城まで練習を見に行った。大学卒業後に中学の教員になってからは、沖水のベンチで栽の隣に座って指導を仰いだ。

「生徒たちにも個性がある。いろんな子どもたちがいる中で一つに束ねるにはどうしたらいいのか」と上原。栽は医学書などさまざまな本を読んで知識を積み上げる無類の読書家だ。選手の個性に合わせてチームをつくった栽だからこそ、学ぶことは多かった。

ことし春、沖水には42人の1年生が入部し、100人を超える大所帯となった。大会を重ねるごとに実力を伸ばし、昨秋の県大会で4強進出。春の県大会も8強入りを果たした。

上原の指導に加え、チームを支えているのは、かつて同じグラウンドで汗を流した球児たちだ。屋良をはじめ、1991年に甲子園に出場した内野手の末吉朝勝（44）、右翼手の野原毅（44）の3人が外部コーチとして参加。母校の甲子園出場を目指し、指導を続ける。

屋良にとって、上原は中学時代の恩師でもある。上原からコーチの依頼があり「コーチは初めてだったけど、ここでコーチをやるべくして今までオファーがなかったのかも」とすぐに快諾した。末吉も「『古豪復活』に向け、母校が強くなるのを手伝えれば」と平日もグラウンドに通う。

沖水で練習した日々を振り返り、野原は「毎日甲子園という言葉を口にして練習していた。甲子園に行く強い気持ちがないと、たどり着けない」と力を込める。思いはいまの球児たちにも受け継がれる。主将の知念龍星（18）の父は、屋良たちと同級生。甲子園出場を目指し、父の母校でもある沖水に入学を決めた。「練習に対する姿勢がみんなに伝わるように」と主将として背中で引っ

母校の甲子園出場を目指し、栽弘義監督の教え子たちがコーチとして携わっている＝5月22日、沖縄水産高校

張る。

100回の節目となる甲子園切符を決める県大会は6月23日から開幕する。野原は「この年になっても一緒に夢を追い続けられる。携われていることが幸せ」と目を細める。屋良は「甲子園に行けたら泣くと思う。泣くことが夢なんです。泣かせてほしいですね」と沖水20年ぶりの聖地を思い描いている。

メイン球場の安全祈願祭で始球式をした屋良景太さん（左）と大野倫さん。共に2年連続準優勝時のメンバーだ

地域の力

2001年・宜野座／2006年・八重山商工　初の夢舞台

春4強　夏自力出場に自信

2001年、甲子園で大暴れした宜野座ナイン。同年春のセンバツから始まった「21世紀枠」で初出場し一気に4強に駆け上ると、夏の県大会は初戦から勝ち上がり、今度は自力で甲子園に乗り込んだ。宜野座や金武、名護と近隣市町村で小学校から野球を続けてきた仲間でつくる素朴なチームの活躍に県民は大きなエールを送った。

武器はバント、けん制、そして縦に大きく割れる「宜野座カーブ」。今や全国区となったその名のきっかけは、エースの故障だった。

00年、夏の県大会が終わった後、当時三塁手で東江中時代は投手だった比嘉裕（34）が代わりに投げることになった。比嘉は「投手より野手の方が好きだったが、本当にピッチャーがいなくて」。奥濱正監督（57）の熱心な指導の下、徹底的に「宜野座カーブ」を仕込まれた。

通常、カーブを投げると親指は上を向く。宜野座カーブは手首を内側にひねり、切るように鋭く球を離す。「そんな投げ方はしたことがなくて、最初は違和感があった。奥濱先生がそばについて、かなり投げ込んだ」と比嘉は振り返る。

迎えた県秋季大会はカーブを軸に試合を組み立てて失点を抑える一方、打線は持ち前の爆発力で一気に得点。攻守に勢いを見せて勝ち上がり、決勝は中部商業に4－0で勝利した。同チーム初の県外試合となった九州大会は準々決勝で鳥栖に0－1と惜敗しセンバツへの切符は逃したが、比嘉は11奪三振、被安打2の力投だった。

「甲子園に行きたかった」と涙をのんだナインに朗報が届いたのは、年が明けてから。小さな校区内の選手でつくる地元チームの奮闘が、特別枠での甲子園出場を呼び寄せた。奥濱監督は「県高野連の理事長から、もしかしたら甲子園に行けるチャンスがあると言われたが、最初は何のことかよく分からなくて」。出場が決まったことを知らされた選手たちは「やったー！」と跳び上がって喜んだ。奥濱監督は「いやあ、本当にうれしかった」と今も相好を崩す。

憧れの甲子園の大舞台で、ナインは臆することなくグラウンドを駆け回った。堅守と機動力、そして好機での

宜野座－日本航空　ピンチの場面でマウンドに集まる宜野座内野陣＝２００１年８月15日、甲子園球場

爆発力で見る者を魅了し、あれよあれよと４強まで上り詰めた。01年夏は県大会を制して２度目の聖地を踏んだものの、２回戦で敗退。だが爽やかな新風を巻き起こし、高校野球の魅力を全国に伝えた。

宜野座カーブが全国に広まると、その独特の投げ方に一時は「腕を壊す」と批判や懸念の声が上がった。奥濱監督は「人間が力いっぱい腕を振り抜くと、手のひらは自然に外側を向く。宜野座カーブも同じ理屈。何も無理な投げ方ではない」と説明する。

比嘉は「肩を壊すぞ、とかいろいろ言われたが、そんなことはなかった。しっかり練習して正しい投げ方をすれば大丈夫」と話し、こう続けた。「あの大きなカーブがあるから、直球がきっちり生きてくる。効果は抜群だった」

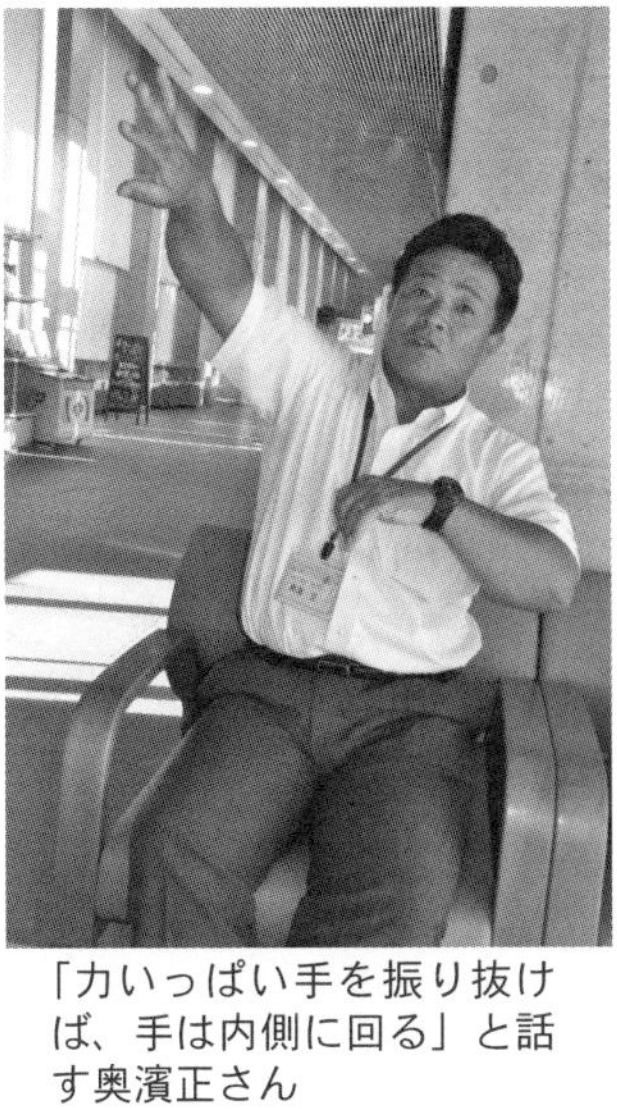

「力いっぱい手を振り抜けば、手は内側に回る」と話す奥濱正さん

小中高一貫で地力

小さな島の球児たちが、高校野球の歴史を変えた。2006年1月31日、八重山商工の校長室に1本の電話が掛かってきた。センバツ出場内定―。その電話から2分後、石垣市内では花火が上がり「ポー」と祝福の汽笛が響き渡った。一般選考で離島校が甲子園本大会に出場するのは全国で初めての快挙。文字通り、島全体が歓喜に湧いた。

思いが実った瞬間だった。地理的な理由による実戦経験の不足に、球児たちの島外流出。さまざまなハンディを抱える中、離島勢悲願の甲子園出場を託されたのは、伊志嶺吉盛（64）だった。「八重山からどうやったら甲子園に行けるのか」。たどり着いたのは〝小中高一貫〟の野球指導だ。

小学校の「八島マリンズ」で全国制覇、中学では「八重山ポニーズ」でアジア大会優勝、世界大会3位の実績を持つ伊志嶺。石垣市の全国でも異例の「監督派遣事業」で就任し、謝礼は月額5万円だったが、伊志嶺は「野球に恩返しができるなら、それでいい」と快諾。2003年4月から八商工監督に就任した。

島の期待を一身に背負ったが、厳しい練習で部員は2人に減った。批判にさらされる中、伊志嶺は「甲子園に行くには小中高一貫しかない。彼らとなら確証があった」と、かつて指導した教え子たちの自宅を回った。甲子園で4番を打った羽地達洋（29）は本島内の高校へ進学予定だったが「監督がケーキを持って家に来ていて。あの人があんなにやるとは思わなかった」。熱意に押され、八商工への進学を決めた1人だ。

当時のナインを振り返り「スイッチが入ると一瞬で変わる。ゲームの流れをつかむのがうまかった」と伊志嶺は言う。全国の離島勢で初めて自力で出場したセンバツは、優勝した横浜に2回戦で敗れたが、1－7の八回、金城長靖（29）から6連打で5点を奪い、脅威の粘りを見せた。

夏の甲子園初戦の千葉経大付戦は4－6の九回に追い付き、延長十回に3点を奪って逆転勝ち。3回戦で智弁和歌山に3－8で敗れたものの「負けはしたけど、楽しみながらプレーできた。やりきったのかな」と金城。悔しさよりも、最後までやり遂げた達成感が一番に思い浮かんだ。

伊志嶺は当時のチームについて「漫画のようなチーム。だからこそ、あれだけ注目されたんじゃないか」。競争心はゼロに等しく、練習態度はいいとはいえない。それ

でも、試合本番になると劣勢を何度もはね返す。型には

松代を5－3で破って16強入りを決め、笑顔でアルプススタンドに駆け出す八重山商工ナイン＝2006年8月13日、甲子園球場

まらない八商工の試合は、筋書きのないドラマのようだった。グラウンドには連日マスコミが詰め掛け、観光バスが停車した。島で生まれ育ったナインの姿は、全国の高校野球ファンを魅了した。

象徴的な場面がある。千葉経大付戦で先発したエース大嶺祐太（現ロッテ）は7回を投げて6失点と本調子とはほど遠く、八回に金城にマウンドを譲った。だが、逆転した直後の延長十回裏、再び登板したのは大嶺だった。登板を自ら志願し、無失点に抑えて初戦を突破した。

大嶺の背中を押したのは金城だった。「監督に『投げさせて』と言ってこいと。自分が投げても良かったけど、やっぱり最後はエースに締めてもらいたかった。内地と比べて競争心がないのはおかしいかもしれないけど、ずっと小さい頃から見てきたので」。迷いは一切なかった。

2016年夏を最後に勇退した伊志嶺吉盛監督。現在は大分県の日本文理大付で指揮を執る＝2016年7月10日、沖縄セルラースタジアム那覇

春夏連覇

２０１０年・興南　聖地で集大成　沖縄沸いた

「沖縄県民みんなで勝ち取った優勝です」。興南の主将、我如古盛次（25）の一言に沖縄中が沸いた。２０１０年8月21日、第92回全国高校野球選手権決勝。東海大相模（神奈川）を13－1で破った興南は、史上6校目の春夏連覇を果たした。県勢悲願の深紅の優勝旗が、ついに海を渡った。

始まりは07年の春だった。１９６８年の「興南旋風」当時、主将を務めた我喜屋優（67）が母校の監督に就任。最初に取り組んだのは、生活態度の意識改革だった。寮は汚れ、ごみが落ちても拾わない選手を叱咤《しった》し、あいさつや整理整頓、早朝の散歩で五感を働かせることを意識させた。その夏、興南は浦添商業との決勝再試合を制して24年ぶりの甲子園出場を決め、古豪復活ののろしを上げた。

2年後の09年、興南は春夏連続で甲子園に出場したが、初戦敗退を喫する。春は主戦の島袋洋奨が19奪三振と好投しながら富山商に0－2で完封負け。明豊（大分）と対戦した夏も1点リードの八回に追い付かれ、3－4でサヨナラ負けした。ともに5安打以下に抑えられ「打てない興南」とまで言われた。

主将の我如古は「レベルの差を感じた。洋奨という好投手がいるのに、打撃が良くならないと太刀打ちできない」。1千本のスイングを課し、鉄パイプやホースでも振り込んだ。球種やコースの的を絞らない「反応バッティング」でさらに磨きがかかった。

打撃練習では球速や球種、コースを問わず来た球に対応する。私生活で身に付けた観察眼を、バッティングにも生かした。「練習はきついけど、そこからもう一つやれば、相手との差もまた一つ広がる」と我如古。全国強豪校の監督やプロのスカウトからも「このチームは強い」と言われるまでに成長した。

島袋の投手力に加え、ひと冬で打撃力も備わった興南。センバツは決勝を含む全5試合で2桁安打を記録。強打の智弁和歌山や日大三（東京）にも打ち勝った。島袋は5試合全て先発し4完投。46回を投げて49奪三振、防御率1・17を誇った。

夏は準々決勝の聖光学院（福島）戦、準決勝の報徳学園（兵庫）戦ともに逆転勝ち。チーム打率は4割に迫り、83安打のうち初球打ち24本と、ファーストストライクは逃さなかった。島袋の防御率は1・94で、51回を投げて53奪三振。全6試合で失策は4にとどまり、投攻守に完成された興南野球は沖縄の高校球史に新たな歴史を刻んだ。

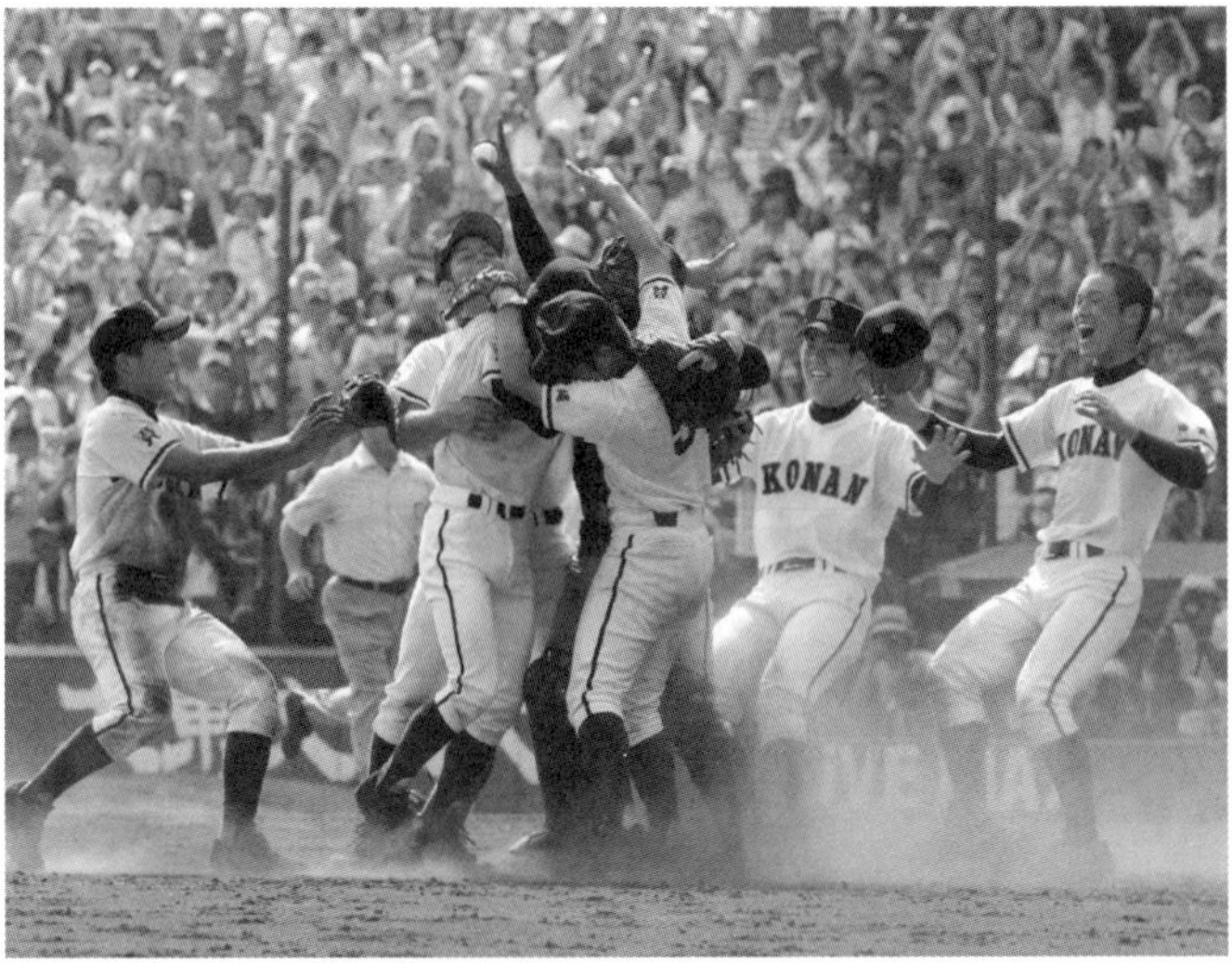

史上6校目の春夏連覇を達成し、マウンド上で喜ぶ興南ナイン＝2010年8月21日、甲子園球場

優勝インタビューで発した言葉について我如古は「何も考えずぱっと出てきた。奇跡的に、いいせりふが出ましたね」と笑う。球場にはウエーブが起こり、ナインが凱旋《がいせん》した那覇空港には4500人、同校での優勝報告会には3千人が集まる熱狂ぶりだった。

それでも我如古は「連覇の重さを理解したのは後になってから。すごいことをしたと感じたのは本当に最近から」とすぐに実感は湧かなかったと話す。「1年生の頃から夢見て目標にしてきたことを、最高の形で終わらせることができた」。高校球児の聖地で集大成を遂げたことが、何よりもうれしかった。

興南の春夏連覇にカチャーシーを踊って喜ぶ平和通りの応援団

壁を越えて

1982～83年・北城ろう学校　「遥かなる甲子園」

加盟認定　甲子園への道

北中城村屋宜原にある県立沖縄ろう学校。敷地内には、かつてこの地に〝風疹児〟のための学校があったことを記す碑がある。「北城ろう学校」（1978年開校、84年に閉校）。東京五輪で国内が沸き立った64～65年に風疹が大流行し、り患した母親から生まれた聴覚障がいのある生徒たちを中高一貫で教育するため、開校した。

この学校には「障がいがあっても野球がしたい」「甲子園を目指したい」という生徒の思いをかなえるため奔走した熱血教師がいた。大庭猛義（72）＝現在は県高野連学識経験評議員＝がその人だ。

同校野球部が誕生したのは81年4月のこと。中等部から高等部に進学し始業式を終えた生徒数人が、当時35歳だった社会科教師の大庭に声を掛けてきた。「硬式の野球がしたいんです。一緒にやってください」。職域野球などでプレーし、生徒と野球の話題でおしゃべりすることはあったが、生徒たちの自発的な行動に大庭は驚いた。

何しろ前例がない。戸惑ったが、大庭は生徒たちの思いをくみ取った。「自分たちも健常者と同じ高校生だ、同じ人間なんだと証明したいという、純粋な気持ちだった」。数日後、生徒の再三の要望もあり、学校側は部発足ＯＫのサインを出した。

監督となった大庭は活動の目標を立てた。①自らの障がいを克服する②社会に出てからの人生の基礎をつくる③普通高校との交流を深める④高校時代の良き思い出をつくる—。この4点をグラウンドの壁に掲げ、集まった選手は16人。早速、練習が始まった。

5月には当時の校長・謝花暁（故人）と大庭は県高野連に加盟を申請、「夢の甲子園」に向かって一歩踏み出した。しかし「日本学生野球憲章」という見えない壁が立ちはだかる。県高野連に加盟できるのは学校教育法4章に定められた学校に限られ、ろう学校は除外されていたのだ。

同校が高野連への加盟を拒まれた問題を当時のメディアが取り上げた。「日本聴力障害新聞」は日本高野連の対応を疑問視、沖縄タイムスも「ボクらにも甲子園の夢を」の見出しで同校ナインの様子を紹介した。世論の声を受けて、県高野連は再検討に乗り出した。当時の県高野連の玉城啓佐会長（故人）は雑誌のインタビューで「軟式野球では加盟例があるが、沖縄に軟式はない。日本高野連にもうかがい『一般的に開放することは認められないが、県高野連の特例として暫定的に認めたらどうか』との意向を取りつけた」と明かしている。

同年９月30日。中部商業で県高野連の理事会が開かれた。グラウンドでは北城ろう野球部が同校と練習試合中だった。安全にプレーできるかを最終チェックする意味もあったという。その試合の途中、条件付きで加盟が認められたとの吉報が舞い込み、グラウンドには万歳が沸き起こった。「僕らも野球ができる。甲子園を夢見ることができる」。主将は目を真っ赤にしていた。大庭は「他校の同僚などの応援も肌で感じていた。あんなに早く加盟できたのは県高野連のファインプレーだった」と振り返る。

県立北城ろう学校高等部・野球部の16人

ボクらにも甲子園の夢を

障害のりこえ練習

出場嘆願に"憲章"の壁

【沖縄】僕らにも甲子園への夢を―。春の甲子園"センバツ"をめざした県の秋季野球大会の熱戦が展開されているなか、大会に参加したくても出来なかった高校生たちがいる。彼らはいま「正式参加が無理ならせめて来年からでもオブザーバーで…」との願いを込めグラウンドで黙々と練習に励んでいるのだが、そこには、生徒たちの希望を拒むように「日本学生野球憲章」の厚い"壁"がある。この高校生たちは、北中城村にある県立北城ろう学校高等部の野球部。部員は全員一年生で、主将の宮城博志（ひろゆき）君ら十六人。

ことし四月、生徒たちの希望で硬式野球部を結成。同校教諭の大庭猛義監督のもと、難聴のハンディにもくじけず、あこがれの甲子園県予選をめざして猛練習が始まった。

こうした生徒たちの熱意に謝花暁校長と大庭監督は、去る六月県高野連に出向き、連盟への正式加盟を要請。「なんとか県大会に正式出場させて欲しい。それが無理なら、せめてオブザーバー参加でも」と嘆願した。

ところが、この問題について県高野連の総務小委員会は「日本学生野球憲章の高等学校野球規則では、高野連に加入できるのは学校教育法第四章に定められた普通、定時、専門学校などに限られており、ろう学校は除外されている。しかも、けががあった場合責任が持てない」として、北城ろう学校高等部の県高野連への加盟要請を拒否、その旨このほど日本高野連に報告した。

さらに県高野連側は「北城の場合、県内の大会には正式出場はもちろん、オブザーバー参加も無理となります。また、連盟加入している他校との練習試合もダメです」とクールな見解。

県高野連の正式決定通知はまだ同校に届いていないが謝花校長、大庭監督は「野球部を自ら結成、励まし合いながら練習している生徒たちをみると心を打たれる。彼らにとって野球は精神面の大きな支えです。ハンディはあるが他の高校生たちと一緒に試合ができるだけでも大きな喜びなんですヨ。せめてオブザーバー参加でも認めてくれれば生徒たちの夢もかなえられるのだが…」と語っている。

「他の高校生たちと試合がしたい」と練習に励む北城高等部ナイン（同校グランドで）

県高野連への加盟を求める声を紹介する 1981 年 9 月 19 日付の沖縄タイムス夕刊

完全燃焼の大激戦

聴覚障がい者に全国で初めて門戸が開かれ、北城ろう学校野球部の公式戦出場はかなった。初陣は１９８１年10月の１年生大会中部南ブロック大会。５試合のリーグ戦で全敗したが監督の大庭猛義や選手たちは課題とともに、確かな手応えをつかんでいた。

日々の練習テーマは「目で聴け、音を見ろ」だった。大庭は黒板を傍らに置いて選手たちに指示。そして視覚を研ぎ澄ますように伝えた。例えば打撃では「ミートの瞬間までじっくりとボールを見る」などを徹底させた。

２年生になった選手権県大会前の82年６月には浦添高、普天間高との「交流教育」が始まった。互いに同じ

夏の選手権県大会で行進する初出場の北城ろう学校＝ 1982 年 6 月 26 日、奥武山球場

グラウンドで練習や試合を行い、さらに交流会で障がい者、健常者が互いを理解し合う機会をつくった。

交流教育は野球部結成時からの目標の一つだった。「野球や甲子園という共通の目標を通して障がい者と健常者が同じ高校生としてつながることができる。相手のことを理解しようと努力し寄り添う『絆』を生みたかった」と大庭は話す。

3年生となり、選手権県大会を間近に控えた83年5月20日。浦添高を招いての最後の交流教育が開かれた。そして翌年3月の廃校が決まっていた北城ろう学校の最後の夏が、やってきた。

初戦の相手は強豪の宜野座。83年6月19日、沖縄市営球場で試合が始まった。北城は四回に2点を先制されると、五回、六回と1点ずつ失い、六回表までに0－4とリードを許した。

しかしその裏、北城は粘りを見せる。2四球と安打で無死満塁の好機。すると3番打者が思い切りバットを振り抜き、走者一掃の右越え三塁打。一気に1点差に迫った。さらなるチャンスでスクイズも考えられた場面。押せ押せムードの中で結果より好機に堂々と挑戦する事が大事だと考えた大庭の指示は「打て」。だが、後続は断たれ、九回にも得点圏に走者を進めたものの、あと一歩届かず、３－４の惜敗だった。

試合後、球場の外で解散式が行われた。大庭は「勝てる試合だった。負けたのは監督の責任だ。みんなはやれるだけ、よくやった。胸を張って卒業して、そして堂々と社会に出て行こう」。ひた向きな姿勢で野球に取り組んだ選手たちの流した汗をたたえた。

北城ろう学校の公式戦初勝利はかなわなかった。甲子園を夢見た戦いが終わった。それでも周囲からは〝完全燃焼〟をねぎらう大きな拍手が送られた。

解散式で全員と握手を交わした大庭。すると、自然と

北城ろう－宜野座　６回裏、北城ろう無死満塁の３点適時打で一走がホームインし、１点差に詰め寄る＝1983年６月19日、沖縄市営球場

初出場した夏の選手権県大会で敗れ、試合後に整列する北城ろうの選手たち＝1982年６月28日、奥武山球場

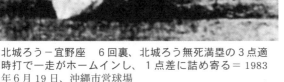

輪ができ、大庭は担ぎ上げられ、宙を舞った。「初戦で負けたのに胴上げされた監督は私ぐらいじゃないかな」。最後の宜野座戦を振り返る大庭の表情が少しだけ緩んだ。

遥かなる夢　信念に

北城ろう学校野球部の監督を振り出しに読谷、コザ、中部工業（現美来工科）で二十数年間、采配を振るった大庭猛義。監督としての最後の試合は2002年の夏の選手権県大会だった。1回戦で中部工は延長十二回、普天間に0－1で敗れ、大庭はユニホームを脱いだ。

読谷を率いた1989年秋には春のセンバツにつながる九州大会まで進出し〝読谷旋風〟を起こしたが甲子園には届かなかった。北城ナインと交わした「先生が甲子園に行ったら北城の旗を持ってスタンドで応援するから」という約束は果たせなかった。

北城ろう学校野球部の存在が「教員人生を180度転換させた」と言う大庭。障がい児教育を志し教員となったが「遥かなる甲子園」への扉をこじ開けることが北城ろう以降の〝信念〟になっていた。

「北城の子どもたちは耳は不自由だが不幸ではなかった。五体満足の健常者にだって不幸はある。君たちは不幸になるな」。読谷高時代に大庭の指導を受けた山城明男（現美里高監督）は大庭がよく北城ろうの話をしたのを覚えている。

教員退職後の現在も県高野連の学識経験評議員を務める大庭の目に過日、ある新聞報道が留まった。

『障がい理解進まない』87％／東京パラで当事者アンケート」

東京パラ大会に関する障がい者約500人への民間アンケートで、大会をきっかけに障がいへの理解が進むかどうかを尋ねたところ「理解が進まない」「（肢体不自由など）出場対象の障がい以外は理解が進まない」との回答が計87％に上ったとの報道だった。

課題を浮き彫りとした調査に同感した上で、大庭は「障がい者への理解は以前より進んだが、『理解』の段階で止まっている。共に生きていこう、という視点にまでは至っていない」と感じている。

「夏の甲子園100回」の節目についても「過去の話ばかりではなく、高校野球の『未来』について、あまり語られてないのが気になりますよね」。

現在の県立沖縄ろう学校のグラウンドには、35年前、この地にあった「北城ろう学校」の面影が今も残る。閉校以来、グラウンドは整備されたが階段状のスタンドなどはそのままだ。16人の選手と、5人のマネジャーと共に白球を追った大庭は静かにグラウンドを見つめ「あの夏を忘れずに、元気で長く人生を生き抜いてほしい」と願う。

「メディアは『遥かなる甲子園』としたが、どこの学校でも『このグラウンドが甲子園だと思ってプレーしよう』と言い続けてきた」と大庭。「北城の子どもたちやその家族から全てのことを学んだんです」。甲子園は目標であり、目的は人間づくり。目指す過程を大切にしたかった。目的であれば、人生では一生の「進行形」になる。

また、夏がやってくる。かつての熱血教師は北城ろうの部員と刻んだ確かな歩みを胸に、高校野球の「未来」を見続ける。

卒業生などの素焼きのレリーフを並べた記念碑の前に立つ野球部監督を務めた大庭猛義＝北中城村屋宜原の県立沖縄ろう学校

最後の試合を終え、ねぎらいを受ける大庭猛義監督（右）＝「僕たちの高校野球　北城ろう学校野球部記念誌」から

第3部　勝利への道

6月23日に開幕する高校野球選手権沖縄大会に出場するチームや選手の話題を紹介する。

補食重視　心身育む

本部　地域で支援

「みんなガリガリで、鍛えるほど貧弱な体になってしまう」。3年前、本部に赴任した宮城岳幸監督が何よりも優先して取り組んだのは、食べ盛りの生徒らの体づくりだった。通常の食事だけでは足りないカロリーや栄養を、練習の合間に取らせる「補食」。宮城監督は毎日朝夕の2度、3人のマネジャーと共に部員19人分を手作りして栄養管理に努めている。

当時、部長だった宮城監督が目にしたのはカップ麺などで補食を簡単に済ませる部員の姿だった。

「野球選手として技術を身に付けてほしいけど、これではバットも振れない」と、当初は約1キロの重さのある揚げ物中心の弁当を食べさせていた。だが栄養面にも配慮し、監督に就任した2年目には自ら調理することを決意。料理や栄養の本を読み込み、家庭科の教師やネットなどから料理法を学んでいる。

冷蔵庫や鍋、包丁などは同校職員や保護者から提供を受けた。朝夕で炊く計60合の米は生徒が分担して持参。他の食材費は「ジュースを買う代わりに」と1人1日100円ずつ徴収し、土日は父母会費で賄っている。冷蔵庫のスペースが足りず買い置きができないため、監督自ら毎日のようにスーパーへ足を運び、割り引きになった食材を狙って買う。「完全栄養食」の卵は、地域の人から毎月200個もらっている。

ちゃんこを参考にした鍋のほか、カレーやマーボー豆腐、タコライス、親子丼など飽きさせないようメニューも工夫。料理をしている最中も横目でしっかり練習を見て、球音や足音、声でも様子を把握している。

補食の効果は体力づくりだけではない。「試合でピンチになった時に、声が出なくならないように」と食事しながらのコミュニケーションも大事にしている。1年の時からほぼ同じ身長で9キロ増えた久高魁主将は「毎日違うメニューでおいしい。野球以外の会話もできるし、先輩、後輩関係なくつながっている感じがする」と効果てきめんのようだ。

「監督が作って本気を示すことが大事」と宮城監督。「保護者や地域の人に支えられていることを分かってもらい、つながりを大事にやっていけば、この子たちは絶対に不幸にならない」と信じて、野球の技術以外の面でも成長を期待している。

選手の食事を作る本部の宮城岳幸監督（右）と手伝うマネジャーら＝同校グラウンド

出来たての「鶏つみれ鍋」を頬張る本部ナイン

仲間と挑む

やえせ高等支援校の川上・原、南部商部員として出場

南部商業高校の敷地内にあるやえせ高等支援学校の川上大喜と原一臣は、南部商野球部員として最後の夏を迎える。小学生で野球の魅力を知り、高1から同じチームでプレーする。南部商の仲間も足の速い2人を戦力と捉え「まずは1勝」と7月1日の初戦を心待ちにしている。

川上は那覇市出身。小学5年、父親と行った読売ジャイアンツの那覇キャンプで、宮國椋丞投手の投球を見て「かっこいい」と魅了された。中学で野球部に入部したが、当初はベースランニングで三塁に向かって走るなどルールも知らなかった。だが強い打球を打ったときが楽しく、やえせ高支でも野球を続けた。

2016年開校の同校は県高野連には加盟していないが、同敷地内の南部商としての登録が認められ、17年から公式戦出場の道が開けた。昨年の全国選手権沖縄大会1回戦は南部農との連合チームで八重農と対戦。川上は7番右翼手で出場したが3打数無安打、0－7で敗れた。

「心臓が破裂しそうなほど緊張した。自分はノーヒットでチームも負けたので悔しかった」と振り返る。それだけに最後の夏に懸ける思いは強い。「まずは1勝しヒットを打ちたい。レギュラーになれるかは自分次第」とゆるみはない。

原は糸満市在住。小1のとき「テレビで見る高校生らのスライディング、泥だらけのプレーがかっこよかった」と少年野球チームに入団。小5の時に一度は野球をやめたが、高校に入り再び野球を始めた。

一番の思い出は今年5月の商業高校大会で、右翼線の飛球を全力でスライディングキャッチしたプレー。「取れるかどうかの打球を捕球するのが楽しい」と喜ぶ。県高野連が主催する公式戦の出場経験はなく「沖縄大会に選手として出てプレーしたい」と夢を語る。

花城蓮主将は「プレーに学校の違いは関係ない。戦力としてみている」と語る。足の速い川上や原が出塁すると、投手は警戒して焦り好機につながることもあるという。

部員が11人に増えた今大会、南部商は単独校で出場する。花城主将は「学年に関係なく何事も言い合えるチー

ム。3年生は最後の大会なので、悔いの残らないプレーをして全員で初戦を勝ち取りたい」と意気込む。

南部商の（前列右から）花城蓮主将、やえせ高支の川上大喜、原一臣ら

やえせ高支の原一臣は、床に置いたボールを投げるイメージトレーニングに取り組む

やえせ高等支援学校の川上大喜は、最後の夏を迎え素振り練習に汗を流す＝南部商業高校

日本ウェルネス初参戦

創部1年目　初戦へ気合

ことし4月に県高校野球連盟に加盟したばかりの日本ウェルネスが、6月23日に開幕する全国選手権沖縄大会に初参戦する。昨春、広域通信制の高校としてうるま市石川に沖縄キャンパスを開校。1年後に野球部が結成された。真新しいユニホームの1年生部員が「100回目の夏」の節目に新風を吹かせる。

野球部は本島全域からの13人に加え、大阪から7人、京都1人の計21人でスタートを切った。午前中、沖縄キャンパスで授業を受けた後、生徒らは石川球場や隣のサブグラウンドなどに移動して練習に励む。スクールバスの送迎があるため、午後4時～5時で切り上げるが、土日も休みなしの連日の練習で沖縄大会に照準を合わせてきた。

同校野球部を率いるのは大阪出身の北村潤一監督。妻が豊見城出身で、北九州にある日本ウェルネスの専門学校で野球部を指導していた。高校野球は岡山や三重での指導歴があるが沖縄は初めて。前から沖縄の選手の身体能力の高さに気付いていたという北村監督は「地元意識も大切にしながら、外に出てさまざまなことを吸収し、学んだことを沖縄に還元できる選手を育てたい」と意気込む。

東風平中から同校に進んだ高吉悠人は全員1年生ということもあり「元気があっていい。言いたいことも言い合える」とチーム内の雰囲気の良さを感じている。「1年生の時から試合に出たかった。もちろん、3年生までには甲子園に行きたい」

他府県出身の部員と同市内で寮生活を送る大阪出身の土井直希は「練習はしんどいが、甲子園に行くため頑張っている」と話し「歴史を刻む意味でも、新しい学校でプレーできるのはうれしい。試合ではエラーをせずチームに貢献したい」と初陣に向けて気合を込める。

6月12日の組み合わせ抽選で初戦の相手は昨年の新人大会を制した石川に決まった。「高校野球の節目の夏に、新たなチームが同じ地域の強豪と対戦できることに縁を感じている」と指揮官。「若いチームで体力や経験面に不安はあるが、打撃では打ち負けないよう積極果敢に点を狙いたい。地域を盛り上げて互いに切磋琢磨《せっさたくま》し、沖縄の新たな歴史を刻む思いで甲子園を目指したい」と気合十分だ。

外野フライの捕球練習に汗を流す日本ウェルネスの選手
＝うるま市石川球場

ノックを打つ北村潤一監督

シード校の挑戦

〝100回目の夏〟への思い

6月23日に開幕する第100回全国高校野球選手権沖縄大会は、県春季大会で4強入りした4校がシードされた。各チームの戦力や今大会に懸ける思いに迫る。

KBC　打線に磨き

創部4年目で初めての甲子園出場を目指すKBC学園未来沖縄。県春季大会決勝は、興南を相手に足で決勝点をもぎ取った。だが神山昂監督は「夏は安打数を増やさないと勝てない」ときっぱり。練習試合では15安打を目標に、日々バットを振り込んできた。

最後まで目線をそらさないこと―。打撃練習から徹底したルールだ。県大会前最後の週末に行われた練習試合では、2試合ともに目標値に迫った。平良光主将は「つないでチャンスでは単打1本で返す。打力が上がってきたことが一番大きい」。機動力に加え、打撃力が向上したことで攻撃パターンも広がりを見せる。

打力に加え、豊富な投手陣も武器の一つ。主戦の新垣龍希はけがで春大会の出場はなかったが「直球も変化球でも空振りが取れる」（神山監督）まで調子を上げてきた。春決勝で完投勝利を挙げた宜保翔も「投球の幅が広がり、変化球の精度も上がった。春とは全然違う」と自信を深める。第1シードで挑む今大会も「不戦勝もなく、他のチームとほとんど変わらない。チャレンジャーとして戦っていく」と平常心で臨む。

興南　自慢の投手陣

興南は5月の招待試合で、エース藤木琉悠が明徳義塾を相手に完璧な投球を披露した。被安打5で完封勝利。四死球わずか1で、11奪三振と抜群の制球力を誇った。「大量失点をしなければいいと思っていたが、投げているうちに調子が上がった」。相手が直球狙いとみれば変化球でかわし、打者を手玉に取った。

県春季大会以降、練習試合は10数試合をこなしてほぼ負けなし。招待試合や熊本交流試合は、出場した県勢チームで唯一全勝を収めた。県春季大会開幕前にあった大阪桐蔭との練習試合では3－2で勝利。我喜屋優監督は

「投手陣を中心に守り、ビッグイニングをつくれるようになってきた。全国レベルを標準に置いている。県外にも十分通用する」とうなずく。

１００回の節目となる今大会は、２０１４年の沖縄尚学以来となる連覇が懸かる。藤木は「少しでも早く試合がしたい。わくわくしている」と本番が待ち切れない。

トス打撃で調整するＫＢＣ学園未来沖縄ナイン＝糸満市

フリー打撃で汗を流す興南ナイン＝興南高校

仲村匠平主将は「積み上げたことが出せれば結果はついてくる。まずは目の前のバッターに集中すること」。先を見すぎず、一戦一戦勝利を積み重ねるだけだ。

コザ　交流試合で力

第１００回全国高校野球選手権記念沖縄大会に、県立唯一のシード校として挑むコザ。春季大会後は熊本交流試合や招待試合に加え、関東遠征で日大三（東京）と練習試合を行うなど、県外校を相手にプレーに磨きをかけた。嘉陽宗雄監督は「萎縮すると思ったが、そうではなかった」と手応えを語る。

県春季大会開幕前から「緊張を越える」をテーマに据えた。嘉陽監督が言い聞かせてきたことは「チームのために」プレーすること。先頭が出塁し、犠打で得点圏に進めて次打者の一打で生還する。日頃の打撃練習では「狙って打てないと勝負にならない」（嘉陽監督）と球種も要求して打ち込んできた。大城大空主将は「夏に向けていい状態になってきた」とうなずく。

エース護得久廉は、１年秋からマウンドに立ってきた。調子は「全然駄目」と謙遜するが、

スタッフの指示に耳を傾けるコザナイン＝コザ高校

7月1日に迎える初戦に向け「心配はしてないし、問題なく迎えられる」と自信はある。大城主将は「自分たちは挑戦者。どこが来ても自分たちの野球をするだけ」と気負いはない。チーム一丸で、沖縄で一番長い夏にする。

沖尚　1球重み意識

沖縄尚学は「1球の重み」を何よりも大事にしてきた。

ノックを受ける沖縄尚学ナイン＝嘉手納町スポーツドーム

昨年の新人中央大会は、九回2死から本塁打を浴びて敗れ、春季大会ではミスで涙をのんだ。春まで「執念」をテーマに掲げたが、池間大智主将は「それだけでは勝てない。1球の重みをチーム全員で確認できた」と敗戦を糧にする。

打撃練習では球数を5球と決め、選球眼を養う。守備練習でも、同じ位置での捕球を繰り返し、個々の課題はその日のうちに個人練習で改善する。比嘉公也監督は春季大会を振り返り「取れるアウトを取れないと崩れることを体験した。負けから学び、どう生かせるか」と奮起を促す。

比嘉監督は厳しい言葉を並べる一方で「発奮させる意味も含めて史上最弱と言ってきたが、ここまで来るだろうと思っていた以上に伸びている」と目を見張る。真剣に野球に向き合ってきたナインの成長は、指揮官の予想を上回る。

池間主将は「甲子園を夢見て入学し、まだ一度も（甲子園の）土を踏んでいない。これが最初で最後。絶対に勝つ」。聖地に懸ける思いはどこよりも強い。

第4部　名選手

球史を刻んだ名勝負の裏には、立役者となる名選手がいる。沖縄を盛り上げた選手の生い立ちや、野球を始めたきっかけ、高校当時の思いを振り返る。

興南　島袋洋奨

体力・直球磨き春夏連覇

聖地を包む4万7千人の熱気に、地鳴りのように響く歓声。2010年8月21日、第92回全国高校野球選手権決勝。興南のエース島袋洋奨（25）＝現福岡ソフトバンクホークス＝は、その熱狂の中にいた。沖縄悲願の深紅の優勝旗まで、アウト一つ。「最後は勝負球で」と選んだのは、磨き続けてきた渾身《こんしん》のストレートだった。バットは空を切り、試合終了。春夏連覇の偉業は、甲子園通算130個目の三振で締めた。

当時の身長173センチ、体重65キロ。沖縄の高校球史を変えたのはそんな小柄な左腕だった。特徴的だったのは腰をひねって打者に背中をみせる独特な「トルネード」投法。身に付けたのは小学4年生の時で、チームの監督で幼なじみの慶田城開の父に「体が小さいので目いっぱい使って投げろ。お尻から捕手に目がけていけ」とアドバイスを受けたのがきっかけだ。「球の回転と強さを意識した」直球は最速147キロを記録し、最大の武器となった。

興南に入学した08年4月に、沖縄尚学がセンバツ優勝。同年8月には浦添商業が甲子園で4強入りしたことで「両チームと対戦し、投げた試合は抑え切れた。自分の中でも手応えがあった」と自信をつけた。2年生になり、春夏連続で甲子園に出場したが初戦敗退。センバツは富山商から19奪三振しながら延長十回に失点して敗れ、選手権でも、リードしていた八回に明豊（大分）に追い付かれ、サヨナラ負けした。

課題は明確だった。両試合とも打たれたのは終盤で「前半はあれだけ抑えていたのに。体力に落ち目があったのかもしれない」。短い距離の走り込みを100本こなす

春夏連覇を決め、マウンド上で捕手の山川大輔（右）と抱き合って喜ぶ島袋洋奨＝ 2010 年 8 月 21 日、甲子園球場

などして体力をつけ、足腰を鍛えた。翌春のセンバツ、日大三（東京）との決勝は「最後まで自分の力を出し切れた」一戦。延長に入っても１４０キロ台を記録し、七回以降は被安打はわずか一つ。不断の努力は興南初の甲子園優勝に結びついた。

島袋が「ベストゲーム」に挙げたのは、夏の甲子園準決勝の報徳学園(兵庫)戦だ。「絶対に出したくなかった」報徳の１番打者に初回から出塁されて失点。機動力にも惑わされ、二回までに5点を奪われた。我喜屋優監督が「崖っぷち」とまで表現した試合展開。島袋にとって公式戦での5失点は初めてだったが「ここで負けたらしょうがない。これ以上取られるわけもない」と開き直れた。

尻上がりに調子を上げる島袋の投球に応えるように、打線も奮起。徐々に得点を重ねて七回、我如古盛次の三塁打で追い付き、眞榮平大輝の中前打でついに勝ち越した。６－５の最終回、島袋は2死三塁とされたが「このボール以外は自信がないし、仮に打たれたとしても、僕の中ではすっきりする。これしかなかった」と１４３キロの直球で空振り三振に仕留め、逆転勝利で決勝に進んだ。

島袋にとって、甲子園は「3年間で気持ちの成長が感じられた場所」だ。『出たい』から始まり、負けて『勝ちたい』という気持ちになれた」。優勝を意識したのも決勝進出を決めてから。東海大相模（神奈川）との決勝戦は打線が爆発し、19安打で大量13得点。島袋も直球が主体だったこれまでの投球内容とは違い、奪三振4と変化球で打たせて取った。球数は最も少ない１２０球に抑え「最後の最後で理想としているピッチングができた。一番良かった」。最高の舞台で、成長の軌跡を刻んだ。

熱戦を終え、グラウンドに立つ島袋の眼前には、見たことがない光景が広がっていた。満員の球場全体から惜しみない拍手が送られ、自然と相手スタンドも巻き込んだウェーブが沸き起こる。「こんな光景はもう一生見られないと。幸せだった」。敗戦の悔しさから始まり、頂点に上り詰めた。「きつい、うれしい思いもあった3年間。一つの人生のターニングポイントになった夏でした」

あの夏から、やがて8年。島袋は17年秋に戦力外通告を受けて育成契約を結び、「１４３」の背番号をまとう。不安は尽きないが「早く（背番号を）2桁に戻したいという思いだけ。残された時間は少ないし、やっていくしかない」と1軍マウンドに立つ日を思い描く。春夏連覇した同級生の中で唯一のプロ選手。野球を引退した仲間もいる。沖縄中を沸かせたトルネード左腕は「沖縄で応援してくれる人たちに、少しでも長く野球をしている姿を見せたい」。それぞれの思いも背負い、腕を振り続ける。

春夏連覇した夏を「一つの人生のターニングポイントになった」と話す島袋洋奨＝福岡県のＨＡＷＫＳベースボールパーク筑後

沖縄高　安仁屋宗八

自力で出場　球児に自信

1962年、沖縄勢で初めて自力で全国大会へ出場した沖縄高（現沖縄尚学）。沖縄の高校球史に残るチームを支えたエースが、後にプロ野球・広島で〝巨人キラー〟として名をはせた安仁屋宗八（73）だ。

小学校で野球を始め、高校時代に才能が開花した。沖縄高1年だった60年、試合中に選手の飲み水をくんでいたら、監督に呼び出された。登板した投手が乱調で、ストライクが入らない。安仁屋が後を引き取り勝利。制球の良さが主戦になるきっかけとなった。

60年9月開幕の新人大会では先発で臨み初優勝。61年春の大会は4試合で被安打8、38奪三振と、好投手へと成長した。連日のように投げ込み、ときには仲間と沖縄高から与那原まで走って往復。そんな努力のたまものに加え、猛練習を支えたのがチームワークの良さだった。選手同士、弁当箱のふたにおかずを出し合って食べたことも。「野球が上手になりたいというより、みんなの仲が良くて練習が楽しかった」

62年の沖縄大会は、安仁屋の速球や制球力と好機で畳み掛ける集中打でライバル首里を4－2で下し優勝した。本戦出場を懸けた南九州予選が開かれる宮崎県に到着すると、みんなで宮崎大会決勝を観戦。大淀が、後にプロ野球・西鉄へ入団する清俊彦投手擁する高鍋を1－0で破る番狂わせを目の当たりにした。安仁屋は「清さんが相手なら打てないと思った。だが、大淀高が対戦校と決まり、気分的には楽になった」と振り返る。

7月29日。沖縄高は三回、四球や盗塁悪送球などで大淀に1点を許す。だが直後の四回、敵失や自身の内野安打で好機をつくり一ゴロで同点。その後も左三塁打などで一挙4点を奪い流れを引き寄せたが、安仁屋の中指の爪は割れ、五回には自らのけん制悪送球などで1失点。「2点リードしているとはいえ、かわして投げようとは思わなかった」。大淀打線を被安打4、8奪三振に封じ勝利をたぐり寄せた。

「先輩ができなかった自力での甲子園出場を、僕らが実現した。自慢できるぞと思った」。長年の「宿願」達成に地元・沖縄は沸きに沸いた。

8月13日、沖縄高は甲子園球場で広島の強豪・広陵と対戦。六回に一挙4点を挙げて追い付きアルプスを熱狂させた。だが七回に2失点し、沖縄勢の〝聖地〟初勝利はならなかった。安仁屋は「打てるものなら打て、と強気で投げたが、広陵打線は打ち返してきた。実力の差。悔いはない」。

南九州大会を制覇して自力で選手権大会に出場したのち、出迎えを受ける安仁屋宗八＝1962年8月25日、那覇市

沖縄高の自力での甲子園出場は、地元の球児に自信を与え、63年の首里初勝利につながるものとなった。安仁屋は同年広島へ入団、阪神でも活躍し81年に引退。プロ通算119勝124敗22セーブ。巨人からは34勝した。

「今や、多くのプロ球団が沖縄でキャンプをしている。沖縄の球児はもっと強くならないといけない。いい指導者の下で、高校生はもっと伸びる」。現在住んでいる広島から、古里の球児に期待している。

選手権大会100回を記念した始球式でマウンドに上がった安仁屋宗八さん＝コザしんきんスタジアム

豊見城高　赤嶺賢勇

「沖縄の星」巨人へ入団

「豊見城」の名を全国に知らしめた投手がいる。1975年のセンバツで、春夏通じて県勢7年ぶりの甲子園準々決勝に進んだ豊見城をけん引したのは、新2年生になるエースの赤嶺賢勇（60）だった。

対戦相手は、後に野球殿堂入りした原辰徳を擁し、優勝候補の東海大相模（神奈川）。だが、試合は下馬評を覆す熱戦となった。

互いに六回までゼロ行進が続いた七回、先制したのは初出場の豊見城。赤嶺は八回まで、東海大相模を散発4安打に抑えた。九回に2点を奪われサヨナラ負けを喫したが、強打者の原を4打数無安打に抑え、うち三振は二つ。大会前、「C」ランクだった豊見城の評価は一転した。

赤嶺が野球を始めたのは、小学3年生の時。野球をしていた2人の兄の影響で、自宅そばの塀に向かって1人でボールを投げ続けた。5年生になると、「近所に少年野球のチームがなかったので」とソフトボールチームに所属。本格的に野球を始めたのは6年生になってからだった。

外野手なのにレフトから一塁までノーバウンドで送球するなど、当時から地肩の強さは群を抜いた。上山中に進学後、監督に強肩を認められて投手に転向。3年夏の地区大会決勝は無安打に抑える好投を見せたが、失策絡みの失点に泣いた。

引退後、那覇市選抜で出場した硬式野球の全国大会は4強まで勝ち進む。「硬式を初めて1カ月ぐらい。まさかという感じ」と驚いたという。「直球が走り、やっと投手らしくなっていた」と成長も実感した。

「0点に抑える快感を覚えた。投手が抑えれば絶対に負けない」と魅力にはまり、栽弘義監督の誘いを受けて豊見城に入学した。すぐに公式戦のマウンドに立ち、「自分以外が投げた試合はない」と話す。「最後に（打者の）手元でホップした」直球は140キロを超えた。体力を温存するために力を「60％」に抑える投球術で、走者を出せばギアを上げた。

75年センバツで8強入りすると、付いたあだ名は「沖縄の星」。県内開催の試合は超満員、町を歩けば周りに人だかりができた。外出はできず、家と学校を往復する毎日で「異常なほどだった」と振り返る。

翌年のセンバツで肋骨《ろっこつ》を折って球威は落ちたが、夏に再び8強入りを果たす。準々決勝で星稜（石川）に敗れるも、0－1の接戦だった。大学進学を目指す中、巨人からドラフト2位指名を受け「沖縄は巨人ファンが多い。その人たちの夢に応えたい」と入団を決めた。

だが、プロ生活は順風満帆なものではなかった。2年目から右肩痛に悩まされて肩が上がらず、思うような投球ができなくなった。当時は専門医がおらず、痛み止めの注射やマッサージ、はり・きゅう治療でしのぐ日々。有効な治療法はなく、原因も分からない。そしてプロ7年目の25歳の時、「いつまでももやもやしたままで投げたくなかった」と引退を決めた。

現在は妻の出身地である山形県に住む。甲子園での県勢の試合は必ず見る。「春夏とも優勝し、全国強豪レベル。ベスト8も当たり前になってきて、応援していてたくましく感じる」と後輩たちの活躍を喜ぶ。

引退して35年がたつ今も、野球に没頭した日々への後悔は一切ない。「中学で甲子園を夢見て、まさか3回も行けるなんて思わなかった。憧れていた巨人で終わることもでき、大満足の野球人生」と強く思う。

イースタンの教育リーグで登板する赤嶺賢勇＝1977年11月19日、奥武山球場

巨人入団が決まり、記者会見する赤嶺賢勇＝1976年12月7日、豊見城高校

豊見城高　石嶺和彦

誇る強打　超高校級

1978年8月12日、第60回全国高校野球選手権大会2回戦。2－2の延長十回、豊見城は無死一、二塁の好機を迎えた。3番神里昌二が敬遠され、4番石嶺和彦（57）が打席に立つ。我孫子（千葉）の武藤信二は184センチの大型投手。主砲は落差のあるカーブに手を出さず、狙い球を直球に絞った。そして初球、狙い通りの直球を捉えた当たりは決勝点となる右犠飛。2時間28分の熱戦に終止符を打った。

「超高校級スラッガー」と評された石嶺。77、78年と春夏連続で4番捕手として甲子園に出場し、うち夏は2年連続で8強入り。通算打率3割1分6厘の成績を残した。だが3年生だった78年夏、石嶺は万全の状態ではなかった。県大会決勝でファウルチップが当たって右中指を負傷。爪が割けて指から剥がれかけ、9針を縫う大けがだった。

甲子園出発前までは左手だけでスイング。外野手として練習をこなし、抜糸したのも初戦の5日前だった。それでも延長十回、打席に立つ前に栽弘義監督に「1球目から打っていいですか」と強気に宣言。中指を浮かせながらバットを強振して決勝点をつかんだ。岡山東商との準々決勝では延長十回、サヨナラスクイズで5－6で敗れたが、四回に本塁打を放ち、聖地に確かな足跡を残した。

投球動作がコンパクトだったため、野球を始めた小学5年生から捕手一筋。「バレーボールをやればセッターで、サッカーならゴールキーパー。本当は違うことがしたかったんだけどね」と裏方に回ってばかりの少年時代を振り返って苦笑する。栽監督から誘いを受けたこともなく、豊見城には一般受験で入学した。

厳しい練習に耐えられず100人以上いた部員がどんどん辞めていく中で「どのタイミングでいつ辞めようかとずっと考えていた」と明かす。それでも新チームになった1年秋から背番号をもらい「入りたくても入れない人もいる。そんな思いは失礼だと思った」と自身を奮い立たせた。

174センチと小柄ながら、手首の強さと体の回転力を使って飛距離を伸ばした。「自分の中では普通だった」と謙遜するが、豊見城ではグラウンドのそばにあった手作りのバーベルでリストを鍛え、重い鉄のバットを振り込んだ。力強い打球は努力のたまものだ。

卒業後、ドラフト2位で当時の阪急に入団。高校2年の時に痛めた左膝半月板の影響で指名打者に転向したものの、90年には打点王を獲得。引退後は中日やDeNA、オリックスで打撃コーチを務め、現在は沖縄に戻り社会人のエナジックで監督として指揮を執る。

今年2月、大学や高校の指導者になるための学生野球資格を回復し「資格を得ることで、指導できるチャンスをもらえた。機会があれば見に行きたい」と意欲を見せる。気掛かりなのは、近年増加する球児たちの〝県外流出〟だ。「（県外から）呼ばれるようになるのはいいことだが、寂しさはある。沖縄から直接プロに行ける環境があれば」

野球の魅力を「答えがないこと」だと言う。高校、プロ、社会人とさまざまな環境で野球を続け「勝負の中に絶対はない。何通りもあるからこそ、面白さがある」と実感する。試行錯誤を繰り返す日々が何よりも楽しい。

第60回大会準々決勝　岡山東商戦で本塁打を放ち、次打者に迎えられる石嶺和彦（右）＝1978年8月18日、甲子園球場

「充実した高校生活だった」と話す石嶺和彦さん＝うるま市石川球場

興南　仲田幸司

差別と闘った剛腕

1982、83年の春を含めた3季連続の甲子園を沸かせた興南のエース、仲田幸司（54）。速球派左腕は「マイク仲田」の愛称で親しまれ、プロ入り後は92年に阪神で14勝、通算57勝を挙げた。だが少年時代は苦難の道のりだった。

米ネバダ州で、米軍人の父と奈良県出身の日本人母の間に生まれた。2歳の時、父の嘉手納基地配属で沖縄に移住。間もなく両親が離婚した。

小学生時代、白人の特徴が色濃い外見でいじめを受けた。給食のスープに砂を入れられたこともある。高校生たちから訳もなく殴られ「何でこんな目に遭わないといけないのか」と境遇を恨んだ。偶然見かけた義父の朝俊さんが身をていして守り、その高校生の家に行って親に謝らせてくれたのは救いだった。

「いじめたやつらを野球で見返す」と若狭小2年で始め、朝俊さんの付き添いで毎朝8キロ走った。「一つ道を間違えたらチンピラになっていたかもしれない。おやじが救ってくれた」と感謝する。

水泳をしていたため肩の可動域が広く、速球を投げる素地はあった。それでも那覇中時代は打撃ケージの二つ隣に投げるほどのノーコン。投手として戦力になれなかった。

転機は友人から誘われて受けた興南のセレクション。80年夏の甲子園8強入りで全国からも入学希望者が集い、投手だけで約150人が3枠の特待生の座を争った。「みんなコントロールや変化球の切れは良いけど、俺の方が速い」と投げた約30球は暴投ばかり。そのうちの1球が捕手後方の土の壁に突き刺さる。剛腕の片りんを見たのか、比屋根吉信監督が「俺が面倒を見てやる」と次期エース候補として迎え入れた。

速球を生かすための変化球は緩いカーブだけ。「真っすぐをしっかり投げれば大丈夫」との自負があった。だが制球難は深刻で、ある日の練習試合では6連続四球を出し、完投に170球を費やした。

試合後、あふれる悔し涙。比屋根監督から「悔しかったら納得するまで練習しろ」と言われた。この日、捕手の仲田秀司と一緒に千球を投げ込む。このような厳しい特訓のかいあって、2年だった82年夏にエースとして全国16強入りした。

3年になった83年はスタメン8人が100メートル12秒を切る俊足集団と共に、5月の招待試合で夏2連覇の池田（徳島）に被安打7の完封勝ち。優勝候補に浮上し、屈指の左腕として注目された。本番では2回戦で敗れたが、厳しい練習から解放され「これで終わり」と吹っ切れた。

興南に入ったのは幸運だったと思う。バスケットボールも強かったため外国人の親を持つ生徒が多く、校内でいじめや差別がほとんどなかったからだ。

第65回大会2回戦、広島商業戦で完投した興南の仲田幸司＝1983年8月、甲子園

2年夏に甲子園出場を決めた時、3年生から「おまえのおかげだ」と抱きつかれ、信頼を得たことを実感した。小学生のころ、自分を殴った高校生も謝りに来た。「野球をやって良かった。甲子園はこんなにも影響があるんだ」。3年夏の甲子園出発式では那覇空港に集まったファンから「マイク、頼むぜ」の声援。この時やっと、「県民に認めてもらえた」と思えた。

現在は社会人の京都ジャスティスで投手コーチを務め、関西の沖縄県人会とも深く関わっている。「米国生まれだけど、自分はウチナーンチュです」。胸を張って言い切った。

「野球で県民に認めてもらった」と話す仲田幸司さん＝兵庫県西宮市

沖縄水産　上原晃

天性のバネ　剛速球

たった1球で、16歳だった沖縄水産の上原晃(49)は「悲劇のヒーロー」となった。1985年8月18日、第67回全国高校野球選手権3回戦。鹿児島商工と対戦した沖水は、5－3の七回無死一、二塁、1年生の上原をマウンドに送った。押し出しで1点は失ったが、リードは譲らず。九回、最後の守りを迎えた。

高校入学から4カ月。配球の大半が直球で、変化球はボールの縫い目を変えて投げることしかできなかった。先頭を三ゴロとするも、連打を浴びて一、三塁。「ボールのコントロールが利かなくなってきた」。2連続四球で押し出し、ついに点差がなくなった。

18・44メートル離れたストライクゾーンが遠い。46球目となった1番吉永哲郎への初球。「力み。それ以外ない」。直球はホームベース手前でバウンドし、捕手・宜保政則の体に当たってバックネットに転がった。サヨナラの生還を果たして喜ぶ三走の傍らで、立ち尽くすしかなかった。「野球人生の中でも大きかった」と1球の重みを知った。

高校3年間で、春夏合わせて計4度甲子園に出場。178センチ、75キロの体格で、直球の球速は143キロを超えた。フォームは本人ですら「今考えているとめちゃくちゃ。よく投げているなと思う」ほど粗削りだったが、天性のバネと体の強さが剛速球を生んだ。

小学5年生で野球を始め、重さ1キロの金属製のボールを作って手首を強くした。普天間中時代に走り幅跳びで6メートルを跳んだこともある。さらに沖水入学後は「中学の時から体を鍛えることが好きだった。速くなるためのトレーニングを工夫しながらやっていた」と背筋や指先を鍛え続けた。

何よりもこだわったのは奪三振。幼いころ、〝怪物〟江川卓に憧れた。雑誌で三振を奪う江川の記事を食い入るように読み「とにかく速い球を投げたい。真っすぐだけで通用する投手になりたい」と思うようになった。目標の160キロは届かなかったが、県大会では2年夏に43回を投げ奪三振数は46個。3年夏も40回で45奪三振と圧巻だった。

甲子園での最高成績は2年夏の8強ながら、ドラフトでは明治大学進学を公言する中で中日から3位指名を受けた。星野仙一監督（故人）も沖縄入りし、獲得に乗り出すほど。「プロは小さいころからの夢だった」と入団を決意した。１年目から1軍で活躍したものの、右手の血行障害に悩まされるようになった。２度手術を受けたが回復は見込めず、29歳の時に引退を決めた。

現在は愛知県で整体師として働く。引退後、しばらくは「肩も肘も痛くない。まだまだできるのに、不完全燃焼」と野球を見られなかったが、40歳を過ぎて中学硬式野球チームで指導するようになった。「子どもたちに野球を教えることが楽しい」。日焼けした顔から白い歯がこぼれる。

後悔があるとすれば、深紅の優勝旗をつかめなかったこと。「一番流れがあった」のは2年の夏で、チームは甲子園の3試合で29得点と圧倒。上原も18イニング連続で無失点に抑えて投打に高いレベルを誇ったが、準々決勝の松山商（愛媛）戦で2年連続のサヨナラ負けを喫した。「入学前に栽（弘義）監督から、『優勝を目指すには、僕の力が必要だ』と言われたのに。優勝できなかったことが一生の悔いです」

第68回大会、３回戦の京都商戦で完封した沖縄水産の上原晃。３年間で４度甲子園に出場した＝１９８６年８月18日、甲子園球場

現在は愛知県で整体師を務める上原晃さん。「甲子園で優勝できなかったことが一生の悔い」だと話す＝愛知県豊田市

沖縄水産　平良幸一

投球術磨き　無欲の4強

「100年に1度のピッチング」、その次の試合は「200年に1度」。沖縄水産が5年連続で夏の甲子園に出場した1988年、栽弘義監督は、甲子園での勝利インタビューでエース平良幸一（48）をたたえ続けた。

1学年上だった本格派右腕の上原晃に対し、左腕の平良は変化球が主体の軟投派。球威こそ先輩に及ばないものの県大会全5試合で50得点した強力打線を味方に、甲子園では準々決勝までの4試合を完投。68年の興南旋風以来となる、県勢2度目の4強進出の立役者となった。

宮古島出身。2015年に閉校した宮原小学校に通いながら2年で野球を始め、サトウキビの収穫作業を手伝うことで「馬力と根性」を身に付けた。中学は県大会に進んだものの、勝ったのは1度だけ。それでも試合を見に来た栽監督に声を掛けられ「家が裕福じゃなかったので、高校卒業後はすぐに就職したかった」と、沖水への入学を決めた。

「最初から期待されたわけじゃない」。同学年だけで60人超。当時メンバー登録できたのはわずか15人で、激しい部内間競争があった。先輩に不動のエース上原がいる中、1、2年生の頃は打撃投手を務めて公式戦の登板はなし。新チームになってからも「投手はきつい。最低でも15人の枠に入らないと」と、外野手での出場を志願した。

「ハングリー精神だけはあった」と自負する。試合には右翼手として出場し、最初は8番打者だった。試合を重ねるごとに打順は上がり、最後の夏は5番に座るようになった。2年の秋季大会で初登板し、春にはエースナンバーに。夏の県大会は26回を投げて被安打15、自責点1、防御率は0・34。記録では上原を上回った。

際立ったのは、打者を手玉に取る配球術だ。「力は上原さんと天と地の差。比べたらきりがない」と痛感する中で、強豪チームで生き残るすべを変化球に見いだした。持ち味は縦に大きく落ちるカーブと、コーナーを突くスライダー。制球力を磨くために投球練習では打席上に四角く切り抜かれた網を置き、捕手を座らせずに四隅を狙って1人で投げ続けた。

対戦相手のビデオで打者の構えやスイング軌道を見て、配球をイメージして試合に臨んだ。「打者の構えで何を狙っているか分かる」とバットの芯をずらして打ち取った。バント処理も完璧だった。変化球でファウルにさせ「どこに転がるかも分かる」と進塁を許さない。「栽監督からも『平良はバントをさせない』と１個だけ褒められた」と振り返る。

「自分の力は分かっていた」からこそ、甲子園のマウンドに初めて立った１９８８年夏、目標は初戦突破にとどめた。準決勝で福岡第一に敗れたが「悔しいよりも、まさか４強までいけると思わなかった」と涙はなかった。

卒業後は沖縄電力に入り、補強選手として計3度都市対抗野球大会に出場し、東京ドームのマウンドを踏んだ。98年にはドラフト7位指名で西武に入団。２０００年プロ引退後は沖電監督も務めた。今も「やるなら人生楽しく」がモットーだ。軟式野球チームに現役選手として所属し、汗を流す日々を送っている。

第 70 回大会準々決勝の浜松商戦で 1 失点完投し、沖縄勢 2 度目の 4 強進出に導いた平良幸一＝ 1988 年 8 月 20 日、甲子園球場

高校時代を振り返り「27球で試合を終わらせることが理想だった」と話す平良幸一さん＝沖縄タイムス社

沖縄水産　大野倫

責任感　覚悟の773球

1991年夏の甲子園。右腕が「く」の字に曲がったまま閉会式で行進する、沖縄水産のエース大野倫（45）がいた。全6試合で773球。決勝の後には肘が伸ばせなくなるまでチームのために投げ続け、2年連続の準優勝に導いた。

春から肘を痛めていたが、「今年こそは優勝」との責任を背負い、県大会準決勝から痛み止めの注射を打ちながら代表の座を射止めた。

甲子園では接戦続きだった。2回戦で強豪の明徳義塾（高知）に6－5で勝って勢いづくと、鹿児島実業との準決勝では「これを取れば前年に並ぶ」と気迫で7－6の接戦を制した。

迎えた決勝の大一番は「体力的にも精神的にも限界。どうにもならなかった」。4連投の影響もあって制球が乱れ、最速144キロの速球も110キロ台までがくっと落ちた。大阪桐蔭に被安打16。8－13で敗れたものの、投手としてこれが最後との覚悟は既にあり、完全燃焼だった。

沖縄に戻って病院へ行くと、医師から「剥離骨折」「疲労骨折」という診断。投手生命は絶たれた。準優勝の代償は大きかったが「野球ができなくなるわけではない。野手としてプロを目指そう」と決意した。野球が好きだったからこそ、1年間のリハビリにも耐えた。

九州共立大学に進学し、1年春から福岡6大学リーグに指名打者として出場。秋には外野手として打率4割5分、4本塁打、10打点の成績を残した。93年2月には最年少の日本代表メンバーとしてアジア選手権に出場した。

95年にドラフト5位で巨人に入団。小学生時代からずっとレギュラーだった元沖水エースは、松井秀喜らそうそうたるメンバーの中で初めて補欠を経験した。プロの厳しさに直面した当時を「つらかった」と振り返る。

2001年に移籍したダイエー（現ソフトバンク）で忘れられない場面がある。1軍で出場し、代打で見逃し三振を喫すると、王貞治監督はこう突き放した。「おまえの見逃し三振は人生の見逃し三振だ」。真っ向勝負をしなかったことに対する叱責《しっせき》だった。2軍に落とされ、それ以降試合に出ることはなかった。

　プロ引退後の10年に中学硬式チーム「うるま東ボーイズ」を立ち上げ、現在も監督として指導に当たる。13年8月には米国で開かれた世界少年野球大会の日本代表監督として教え子と共に3連覇に導いた。「子どもたちが成長するのを実感できる」と充実の日々を送っている。

　「勝ってもつまずくことはあるし、負けて悔しいけど頑張ろうって思える。野球は人生そのもの」。小学1年から野球を始め、プロの投球を間近で見たのをきっかけにプロを目指してきた。レギュラーも補欠も経験したからこそ、どちらの気持ちも分かる。

　今だから言える。「見逃し三振は駄目だ。勝負しなさい」と。打てなかったプロ最後の打席を思い出し、監督として言葉を掛けることもある。

　近年、全国的に野球人口が減っている中で「野球の普及にも尽力していきたい」と今後の抱負を語る。

　沖水時代の仲間とは今でも2カ月に1度は集まり、当時の話や近況報告で盛り上がる。「僕は野球に育ててもらった。野球をやっていて本当に良かった」。表情は晴れやかだった。

第73回大会準決勝、鹿児島実業戦で完投し、飛び上がって喜ぶ大野倫＝1991年8月20日、甲子園球場

沖縄水産メイン球場の祈願祭で始球式をした大野倫さん。再び沖水のユニホームを身にまとった＝沖縄水産高校

八重山商工　金城長靖

離島のハンディ　バネに

早稲田実業の斎藤佑樹、駒大苫小牧の田中将大らの活躍に沸いた2006年夏の甲子園。そして、南の島から巻き起こった旋風も大きな話題をさらった。春のセンバツ一般枠で離島勢初の甲子園の土を踏み、夏も聖地に帰ってきた八重山商工。小細工不用の爽快なチームを、投打でけん引したのが金城長靖だ。

甲子園初陣となったセンバツ1回戦の高岡商（富山）戦。「ふわふわした感じ」で左打席に入り、「当てただけの感覚だった」打球は左翼ポール直撃の大会第1号。二塁まで全力疾走し、球場のどよめきと大歓声で本塁打と気付いた。無心の一発だったが、甲子園で一番印象に残るシーンになった。

エース大嶺祐太に変わり、先発したセンバツ2回戦の対横浜。6－7で敗れはしたが強豪相手に0－7から1点差まで追い上げ、六回には右打席でソロ本塁打を放った。痛快な猛追劇に横浜の渡辺元智監督は「いつ逆転されるか不安だった」とインタビューに答えている。

金城らナインも手応えを実感していた。「もっと練習しておけば勝てた。また夏も絶対に戻ってこよう」。以前は半分ほどだった朝練の参加者が周囲の期待や感謝に気付き、ほとんどの部員が顔を出すようになった。「今言えばレベルが低い話ですけどね」と笑うが、センバツの経験が夏までも突っ走らせた。

もともとは右打ち。小学生から指導を受けた伊志嶺吉盛監督の助言もあり、学童軟式野球の八島マリンズ時代に「遊び感覚」で左打ちをやってはいた。相手投手に合わせて戦略的にスイッチするようになったのは、中学生の頃からだ。

高校最後の夏も「ホームランを打ちたい」と思っていた。だがエース大嶺の調子が上がらず、「ピッチャーも頑張らないといけないな」と、いつでも投げる心の準備もしていた。

2回戦の松代（長野）戦では、三回途中からマウンドに上がった。そして2－0の五回、左打席で特大の中越え3点本塁打。「これで楽に投げることができる」と心の中でつぶやいた。投げては八回に大嶺にマウンドを譲るまで5回1失点。投打に大車輪の活躍で千両役者ぶりを発揮し、16強入りに貢献した。

「本島や県外の人たちに体格で劣っても持ってる力は負けないぞ、離島のハンディなんかないんだ、という気持ちでプレーしていた」と振り返る。

あれから12年。7月でちょうど30歳になった。伊志嶺監督から言われていた「甲子園に行けば人生が変わる」との言葉も高校入学時はぴんとこなかったが、「自分の将来の選択が広がるのを意味していた」と今では思う。

「いずれはプロに」との思いがあり卒業後、ステップアップの場を求めて沖縄電力入り。現在も中心選手として活躍する。「あと何年一線でできるか分からないが、少しでも長くプレーして後輩たちに教えを引き継ぎたい」と語る。

左右両打ちでの本塁打、マウンドにも上がり、勝ちの喜び、負けの涙も味わった。野球漫画顔負けの、甲子園に愛された選手の一人といえるだろう。「甲子園に行けたのは財産。観客が多くてフライ一つでも大きな歓声が上がり、とても気持ちがいい。ありがたい場所です」。聖地にいま一度、思いをはせた。

第88回大会2回戦の松代戦。5回裏1死一、三塁、金城長靖が中越え3点本塁打を放つ＝2006年8月13日、甲子園

「離島のハンディは感じないでほしい」と語る金城長靖さん＝浦添市の沖縄電力

沖縄尚学　東浜巨

頂点からどん底まで経験

今でも忘れられない試合がある。福岡ソフトバンクホークスの東浜巨が沖縄尚学2年生だった２００７年夏の全国高校野球選手権県大会。背番号1をつけて挑んだ準決勝の浦添商業戦だ。七回表まで投げて２－２の同点。だが、その裏の攻撃で両足をけいれんし、犠打を決めた直後に倒れ込み救急車で病院に直行。延長十一回の末にチームは４－５で敗れ、2年ぶりの決勝進出を逃した。

前年の秋季大会は不祥事で出場できず、夏が3年生を甲子園に連れて行く最後のチャンスだった。「体調が万全だったら違った結果になったかもしれない。先輩たちに申し訳ない」。試合後の慰労会で号泣しながら謝った。先輩たちが「おまえがいなかったらここまで来られなかった」と声を掛けてくれたが、エースナンバーの重みを痛感した。

「途中で降りたらチームが苦しくなる。1をもらった以上、最後まで投げないといけない」。食事量を増やして体をつくり「人より多くやるのはもちろん。悔しかったので、自然とやるようになった」と練習量にも変化が出た。ランニングが10本なら1本でも多く走り、練習試合の後も学校に戻って遠投する。猛練習の成果は、県勢2度目のセンバツ優勝に結実した。

3年生夏の選手権県大会決勝は、高校球史に残る名勝負だ。対するは、エース伊波翔悟を擁する浦添商業。北谷球場には1万1千人の大観衆が詰め掛け、付近は渋滞。沖尚ナインが乗ったバスも巻き込まれ、走って球場入りしたが、到着したのはシートノックが始まるわずか5分前だった。

勝敗は初回に決まった。「夢を見ているみたいだった」。抜群の制球力を誇った東浜の球は上ずり、甘くストライクゾーンに入れば痛打され、被安打4で5失点。二回以降は4安打無失点に抑えたものの、２－５で敗退した。高校生活の3年間で、夏の聖地にたどり着くことはできなかったが「一試合一試合に全力を傾けていた。悔いはない」

プロ野球選手を本気で目指すようになったのも「高校での3年間があったからこそ」と明かす。1年秋の出場停止から始まり、３年の春に日本一。「どん底から頂点まで味わえた。いい３年間だった」。当時のチームメートとは、今でも毎年顔を合わせる仲間だ。

プロでは昨年、初の最多勝に輝き、沖縄のみならず、球界のエースとして成長を続ける。全力で駆け抜けてきたからこそ、高校球児へのメッセージには「今を全力で」と記した。「今は分からないかもしれないけど、高校の３年間は、後の人生にすごく生きてくる３年間。瞬間瞬間を大事にしてほしい」

第90回県大会準決勝の興南戦の8回、ピンチで三振を奪い、雄叫びをあげた東浜巨＝２００８年7月12日、北谷球場

高校球児へのメッセージとして「今を全力で」と記した福岡ソフトバンクホークス・東浜巨投手＝宮崎市・生目の杜運動公園

中部商業　山川穂高

敗戦のくやしさバネに成長

　2009年夏の全国高校野球選手権県大会決勝。中部商業3年生だった埼玉西武ライオンズの山川穂高は、1－0の三回、2死満塁の絶好機で打席に立った。マウンドには、興南2年生の島袋洋奨。高校通算27本塁打を誇るスラッガーと、1年後に甲子園春夏連覇の立役者となったトルネード左腕の直接対決だ。

　初球から内角を攻めたボールは3球連続で外れ、カウントはノースリー。4、5球目とも内角低めのストライクを見逃してフルカウントとされたが、2球続けてファウルで粘る。

　ここまで全てが内角の直球。変化球かそれとも、もう1球同じ球か―。8球目は外角いっぱいのストレート。手が出ずに見逃し三振を喫し「あそこであの球を投げられたら打てない。洋奨の勝ちです」。チームは2－4で逆転負けした。

　3年間で、一度も甲子園にたどり着くことはできなかったが後悔は一切ない。

　誰よりも練習してきた自負がある。初めてレギュラー入りした2年の秋は3回戦で宮古にコールド負け。山川は無安打に終わり、宮古の川田将平には2本塁打を打たれた。「相手が技巧派投手で自分さえしっかりやっていたら打てたはず。野球をやっててあそこまで泣いたのは初めてじゃないか。いまでもこれほど悔しかったことはない」

　翌日から、グラウンドには他の選手の倍以上練習する山川の姿があった。「このままじゃいけない。とにかくグラウンドに一番最後までいよう」。午前9時から午後1時までの練習なら、1時間休憩を挟んだ後に午後9時まで残る。変化を求めて、陸上部の顧問から体を鍛えるメニューをもらい、1人でこなした。

「やめようと思えばやめられる。それが一番きつかったが、そのたびに宮古戦を思い出した」。入学当時100キロだった体重は、88キロに激減。体脂肪率も10%台で、飛距離も抜群に伸びた。

　夏の敗戦後、他の選手が号泣する中で、山川は泣かなかった。「相当厳しくやり、一切妥協しなかったので。

ここまで練習して（甲子園に）行けなかったらしょうがない」。野球しかなかった3年間。だからこそ、最後は晴れやかだった。

「甲子園に行くということは、沖縄で一番練習したチームだと思う」と練習量が実を結ぶと信じている。妥協せずに練習を重ねたことが、昨季（2017年）23本塁打を放ち、侍ジャパンの4番を打った現在につながった。

「僕の同級生は『あれだけやっていたら、お前みたいになれたかな』って言う。『なれたでしょ』と思う。みんな後悔している。悔いのない3年間にしてほしいですね」。経験に裏打ちされた言葉は重く響いた。

第91回県大会準決勝　中部商－沖水　8回、バックスクリーンに飛び込む2点本塁打を放った山川穂高＝2009年7月18日、北谷球場

甲子園出場経験はないものの、その後の努力で日本を代表する強打者となった西武ライオンズの山川穂高内野手＝埼玉県、メットライフドーム

番外編

沖縄高で安仁屋とバッテリー　粟國信光

平和世で野球　感謝

終戦記念日の8月15日、大会第11日の始球式。1962年、県勢で初めて夏の甲子園に自力出場を果たした沖縄高（現沖縄尚学）のエース、安仁屋宗八（73）がマウンドに立った。当時バッテリーを組んでいたのは粟國信光（74）だ。始球式をテレビで見て、よみがえった56年前の記憶。「自分が甲子園に行ったみたい」と胸が熱くなった。

43年、南大東島で4人きょうだいの末っ子として生まれた。すでに父は病死し、母に女手一つで育てられた。1歳の時、戦火を避けるため、家族で大分県津久見に疎開。戦後に戻るも生活は貧しかった。

野球と出合ったのは安謝小3年の頃。裁縫が得意だった母のお手製ユニホームとグローブを着け、社会人野球のボール拾いをするのが何よりの楽しみだった。

安謝中で本格的に野球を始め、1年浪人して入学した沖縄高で安仁屋と出会う。61年9月の新人大会からバッテリーを組んだ。他の投手とは明らかに重さが違う球。他校では〝安仁屋対策〟として、投手がマウンドの1・5メートル前から投げ、打撃練習をしていたという。

故上里正光監督の指導はとにかく厳しかった。血へどを吐くまでのノックに延々と続くランニング。学校から与那原まで走って往復することもしばしばだった。入部時に30人以上いた同期は、3年時には6人に減った。

猛特訓で培った技術と強靭《きょうじん》な足腰は、強豪校を倒す土台となる。62年の沖縄大会で優勝し、南九州予選が行われる宮崎県へ。「ヤマトーンチュに勝つ」と一丸で戦い、決勝で宮崎大淀を破り、自力で甲子園出場を決めた。

米軍占領下、県外校に負け続けた沖縄のチームが、初めてつかみ取った栄冠。「野球人生で一番うれしい瞬間だった」と振り返る。

沖縄には戻らず、そのまま甲子園に向かったナインは、聖地出場よりも初めて乗った汽車に大興奮。兵庫では関西県人会がのぼりを掲げて出迎えてくれ、お祭り騒ぎのようだった。「差別や偏見にさらされてきたウチナーンチュの複雑な思いが込められていたのかな」。今となってはそう思う。

開会式では主将として、当時沖縄では禁じられていた日の丸の掲揚をした。「一足先に本土復帰した気持ち」と思わず涙がこぼれた。入場行進では「おきなわー」という大声援に迎えられた。

ナインの多くは沖縄戦当時0歳で、家族に守られて生き抜いた。父親を戦場で亡くした者も少なくない。1回戦は8月13日、広島の広陵と戦った。同じく0歳で被爆した選手もおり、「平和の戦い」などと報じられた試合は六回に同点に追い付く大接戦。惜しくも4－6で敗れたが、アルプスは沸きに沸いた。「今思い出しても鳥肌が立つ」。あの興奮は忘れられない。

帰沖すると泊港から学校までパレード。途切れぬ沿道と祝福の嵐に「すごいことをやったんだな」と感慨に浸った。

卒業後は大学に進学し、その後消防に勤めながら60歳近くまで社会人野球を続けた。琉球煙草から64年に広島へ入団し、〝巨人キラー〟として活躍する安仁屋の姿に「自分も頑張らなきゃ」と励みにした。

現在は那覇市松尾で居酒屋を営む。「野球に夢中になれて幸せだったし、応援が本当に力になった」と語る。「平和な時代に野球ができる感謝の気持ちを忘れず、練習に励んでほしい」。3年間、安仁屋の剛球を受け続け、今もぶ厚い手のひらを見つめた。

自力で甲子園出場を果たし、盛大なパレードで迎えられた沖縄高ナイン。手前が粟國信光（左）と安仁屋宗八のバッテリー＝1962年8月25日、那覇市内

高校時代のアルバムを手に当時を振り返る粟國信光さん＝那覇市松尾・居酒屋「お食事処　信（のぶ）」

第5部　次の100回へ

甲子園で春夏通算４度の優勝を果たし、野球強豪県として認知される沖縄。第５部では、レベルアップを図ってきたこれまでの取り組みや現状、今後の課題を探る。

県高野連の取り組み

競技会　強豪県の源

　１００回目の記念大会だった今夏の全国高校野球選手権は、大阪桐蔭が史上初となる2度目の春夏連覇で幕を閉じた。県代表の興南は初戦を突破し、県勢としては夏の甲子園通算70勝目を挙げた。１９５８年、首里の初出場から60年。県勢の戦績は計１７９試合で98勝81敗と勝ち越し、夏は5割8分3厘の成績を誇る。春夏の甲子園、神宮大会、国体の全てを制したのは沖縄を含めた13都府県のみで、九州勢では沖縄だけが果たしている。

　56年に発足した県高校野球連盟は、全国に先駆けた取り組みで競技力の向上に努めてきた。対外試合が禁止となる「アウトオブシーズン」に開催する野球部対抗競技大会は、安里嗣則（78）が考案した。県高野連技術強化部長だった73年、県外の大学で研さんを積んだ経験から「基礎体力をつくることが大事では」と考えたのがきっかけだった。

　当初は「なんで小学校の運動会みたいな事をやらないといけん」と反発もあった。だが、溶接して作ったティー打撃など工夫を凝らした種目を増やし、6年目からは全校が参加。塁間走を取り入れたことで、「沖縄の選手は二塁から生還できないと言われたこともあったが、この頃からホームに帰れるようになった」と安里は語る。

　46回目を迎えた1月の競技大会は、糸満が総合優勝した。11～12月は競技大会種目を中心に練習。塁間走や塁間継投など野球に直接結び付く種目だけでなく、１００メートルや１５００メートルなど地道な練習を繰り返す。

　真玉橋治監督は「毎日続けることが大切。冬の蓄えが夏に生きてきた」と話す。事実、夏の県大会ではノーシ

ードから決勝まで駆け上がった。中盤まで競り合う試合も多かったが「接戦も粘って勝てた。競技会で1位になったことで自信がついた」という。

2年生で打率5割だった川満剛は、立ち三段跳びで3位に入った。「チームで『1位を目指す』と同じ練習を積み重ねたことで、忍耐力がついたのかも」と効果を実感している。

毎年の秋季大会後に開催する1年生大会も全国初の試みだ。「バットやボールを握れない1年生もいるかも」と安里が提案した。一度は退部した1年生が戻ることもあり、「監督たちにとっても選手を知るチャンス。野球の楽しさが分かり、子どもたちも辞めなくなる」と説明する。

県内の平均部員数は、2008年から全国トップを維持している。安里は「試行錯誤を積み重ね、沖縄の高校野球は強くなった」と実感を込めた。

野球部対抗競技大会最終種目の1800メートルリレーは盛り上がる種目の一つ。各校が意地をぶつけ合う＝1月6日、タピック県総ひやごんスタジアム

県外校の合宿誘致

強化へ 元球児の思い

高校野球の対外試合が解禁となる3月から4月上旬にかけ、全国各地の野球部が沖縄合宿に訪れる。センバツの出場校も本番前に参加し、沖縄の学校と練習試合を重ねる。そのときの県内の球場は、小さな全国大会のようだ。今年はセンバツ出場校の明秀日立（茨城）、松山聖陵（愛媛）など43校が来県し、計396試合をこなした。

仕掛けたのは、日本トランスオーシャン航空（JTA）元役員の備瀬知政（69）。これまでに浦和学院（埼玉）や花咲徳栄（同）、龍谷大平安（京都）など県内で合宿した学校が甲子園で優勝した。「全国でも注目されている」と実感を込める。

「野球熱が高い沖縄は離島県のため、本土との交流が少ない。JTAとして県民にどうやって貢献できるか」と考え、1987年に始めた「沖縄・愛媛親善交流試合」がきっかけだった。第1回は、前年夏の甲子園準々決勝で沖縄水産を破った松山商業を招待。89年からは岡山とも交流試合をスタートさせた。

各県との交流試合が次第に盛況となる中、県内の監督たちから「県外校の沖縄での合宿誘致」を相談された。アウトオブシーズン明けの3月8日は、県外はまだ寒い時期。備瀬は「温暖な沖縄でなら体もほぐれてけがをしにくい」と、岡山支店長時代に知り合った関西高（岡山）の監督に掛け合った。

95年に関西、浦和学院、龍谷大平安など5校が来県。指導者同士の口コミで評判は広がり、現在は毎年40校以上が合宿する。

多くが4泊5日の日程で参加し、練習試合を8〜10試合こなす。懸案の飛行機代は同社が団体割引で低価格に抑え、宿泊は県内高校のセミナーハウスなどを使用することで学校交流にもつながっている。

備瀬が高校野球の発展に力を入れる背景には、自身の高校生活がある。沖縄高（現沖縄尚学高）の内野手だった。だが1年生の1月に急性腎炎を患って野球ができなくなり、学校を中退。再入学した興南では野球部が練習

今春のセンバツに出場した松山聖陵。甲子園出発前に6日間の沖縄合宿を行った＝3月9日、興南高校グラウンド

する様子を、教室から羨望《せんぼう》のまなざしで見たという。

「沖縄の高校野球を全国レベルに引き上げたいという、俺自身の夢を実現したかった」と振り返る。ＪＴＡを退職した今も、実行委員長として球場に足を運ぶ。「人的交流にも、両校の友情にもつながっているのでは。沖縄の競技力底上げに、かなり貢献できたんじゃないかな」と少年のように笑った。

沖縄市事業　球児を支援

強豪校招き　刺激に

3月、沖縄市のコザしんきんスタジアムにセンバツ出場を控えた全国王者がやってきた。同市が企画した県外招待交流試合に招かれたのは、今夏の甲子園で史上初となる2度目の春夏連覇を達成した大阪桐蔭。ドラフト1位候補の根尾昂や藤原恭大などの〝超高校級〟を相手に、美里工業、コザ、美来工科、球陽の4校が対戦し、春季大会に向けて胸を借りた。

同市が県外の強豪校を招き、市内の高校と練習試合する取り組みは今年で2回目となる。1回目は2017年3月、その年のセンバツで準優勝する履正社（大阪）を迎えた。雨で初日は中止となったがコザ、美里の2校が対戦。現千葉ロッテの安田尚憲が本塁打を放つなど、トップレベルのプレーに球場が沸いた。

競技の底辺拡大や市内の野球少年に夢を与えようと、市教育委員会が主催した。1回目の履正社は兄弟都市である豊中市との縁で、2回目の大阪桐蔭は、美里工業の神谷嘉宗監督が西谷浩一監督と交流があり実現した。予算は16年に広島カープからの寄付金を元に捻出され、滞在費などで400～500万円。5年をめどに計画され、すでに来年3月の招待校も決まっている。

実際、春夏の県大会で結果を残した高校もある。大阪桐蔭と0－1で競ったコザは春季大会で4強入り。美来工科も春夏ともに8強入りし、球陽は夏の県大会で同校初めてとなる夏2勝を挙げた。

コザの嘉陽宗雄監督は「大阪桐蔭との試合がだいぶ自信になった」と実感。美来工の眞玉橋元博監督は「冬のトレーニングでのモチベーション維持につながった」と話す。「市の代表として赤っ恥をかくわけにはいかないと、選手たちにもいい意味でのプレッシャーになった」

市が市内の高校と共につくり上げたこの事業に共通するのは「沖縄市から甲子園へ」との強い思いだ。市内の高校が甲子園に出たのは、14年センバツの美里工業が最後。昨夏の県大会は美来工科が決勝に進んだものの、興南に敗れて38年ぶりの甲子園出場を逃した。市民スポー

大阪桐蔭を招いて行われた沖縄市の県外招待交流試合＝3月10日、コザしんきんスタジアム（同市提供）

ツ課の玉城譲課長は「高いレベルの強豪校と交流することで、精神面や体力面の強化につながれば」と期待する。

今年の招待試合には2日間で約2500人の観客が集まり、市内の少年野球チームも多く詰め掛けた。「子どもたちにとっても、目の前で甲子園を感じてもらえる機会。いつか沖縄市から甲子園に出てほしいですね」と夢を描く。

美来工科戦で先発した大阪桐蔭の根尾昂＝3月11日

地域から甲子園

公立活躍 沸く地元

今夏の甲子園は優勝した大阪桐蔭よりも、準優勝の金足農業（秋田）に注目が集まった。私立が参加校の半数以上を占める甲子園で、公立校としては２００８年の浦添商業、09年の岐阜商業以来の４強入り。決勝進出は「がばい旋風」を巻き起こし、劇的な満塁弾で優勝した07年の佐賀北以来11年ぶりの快挙だった。

ベンチ入り18人の出身中学が12府県にまたがる大阪桐蔭に対し、金足農は全員が秋田県出身と対照的なチームの決勝となった。結果は、自力に勝る大阪桐蔭が13－2で大勝。だが聖地を駆け抜けた〝おらがまちのヒーロー〟たちの軌跡は、１００回を迎えた夏の甲子園の歴史と記憶に刻まれた。

県内でこれまでに夏の甲子園に出場したのは17校。最多出場は興南の12度で、沖縄水産が９度、沖縄尚学が７度と続く。この10年間で見ると興南が５度、沖尚が２度となる。

公立校が出場したのは16年の嘉手納が最後だ。「地域の子たちだけでも、ここまでできるということを見せたい」。同校を初めて夏の甲子園出場に導いた大蔵宗元監督は、優勝インタビューで記者団に答えた。

メンバー18人中16人が嘉手納町、読谷村内の中学出身。両町村は同校に計１２００万円を寄付した。町内には出場を祝う横断幕が掲げられ、壮行会は千人余りが駆け付け、盛大にナインを聖地へ送り出した。

今夏の県大会では北山が38年ぶりに４強進出した。指揮を執る津山嘉都真監督は、同校野球部のＯＢ。同校は現ＤｅＮＡの平良拳太郎を擁した13年の春季大会を制したものの甲子園出場経験はなく、「やんばるで甲子園出場を果たすチームをつくりたい」と赴任を希望した。

引退した３年生も含め、部員38人中37人が今帰仁村や本部町など、北部地域から集まる。２年生エースの金城洸汰は上本部中時代、県外も含めてさまざまな学校から勧誘を受けたが「中学のみんなと一緒に頑張りたかった」と入学を決めた。新チームで主将を務める宮里光は今帰仁中出身で、メンバーで話し合って北山への進学を決めた。「気まずさもなく最初から仲も良いので、雰囲気は明るい」と語る。

津山監督にとっても今帰仁村は地元。夏以降、道を歩くと地域住民から「頑張ってね」などと声を掛けられるようになった。「子どもたちのコミュニティーも広がっていく。地域で育てていることを実感する」とうなずく。

地域から高まる期待にも「一緒に喜んでくれたら一番うれしい」と力に変える。同校初の甲子園へ、その日はきっと遠くない。

夏の甲子園初出場を決め、雄たけびを上げる嘉手納ナイン＝2016年7月17日、沖縄セルラースタジアム那覇

サヨナラ勝ちで38年ぶりの準決勝進出を決め、喜ぶ北山ナイン＝7月16日、コザしんきんスタジアム

相次ぐ野球部新設

沖縄大会最多65校

全国的に野球人口が減少する中、今夏の全国高校野球選手権沖縄大会は史上最多の65校が出場した。２０１５年に創部したＫＢＣ学園未来沖縄や、今年４月に始動した日本ウェルネスと広域通信制高校が野球部を新設したことが背景にある。

部活動がなかったＫＢＣ未来で、初の野球部設立に動いたのは過去に沖縄水産、那覇商を率いて甲子園に出場経験があり、同校監督の神山昂の長男・剛史部長。創部２年前の13年、野球指導者を志していた縁もあり、職員間での新規企画の募集に応募したことがきっかけだった。

最初の１年間は企画提案に向けた準備に費やした。スポーツに力を入れる県外校を視察し、「野球だけに特化しすぎてもだめ。卒業後の人生も考えてあげたい」との思いに至る。資格取得の専門学校を持つ学園の特色を生かし、野球と並行して資格勉強もできるカリキュラムを作成して実現にこぎ着けた。

15年４月、神山監督と共に県内の中学校を回り、同校スポーツコース野球専攻に12人の１期生が入部した。16年の１年生大会で初優勝すると今年の春季大会を制し、九州大会は４強入りした。創部前、唯一の不安は「生徒が来てくれるかどうかだけだった」と剛史部長。着実に成績を残す中で「最初に12人の生徒が来てくれたからこそ今の野球部がある」と、１期生への感謝の思いを忘れない。

日本ウェルネスで指揮を執るのは大阪出身の北村潤一監督だ。岡山や三重の高校、北九州市の日本ウェルネススポーツ専門学校での監督経験を経て「外から来た人に優しい。自然の恵みだけでなく、沖縄の人には癒やしがある」と、妻の地元の沖縄で新たなスタートを切った。沖縄の球児について「膝から先が強く、しなりがあるからフォームがいい。小柄だが体の使い方がうまい」と分析する。

大阪や京都出身の生徒８人を含めた21人で立ち上げ、

9月からは県外から転入してきた4人が加わった。午後から始まる練習では、小まめに休憩を取り入れる。室内の打撃練習では「足裏の感覚を磨き、しっかり踏ん張ることを身に付けさせよう」と思い、島草履を履かせるなど質を重視。秋季大会では、創部初の1勝を挙げた。

創部4年目で県春季大会を制したＫＢＣ学園未来沖縄ナイン。九州大会でも4強に進んだ＝4月3日、北谷球場

室内での打撃練習に打ち込む日本ウェルネスナイン。島草履を履いて足裏の感覚を磨く＝8月31日、うるま市石川屋内運動場

両校とも、野球部設立を目指した理由の一つに県内の高校野球への関心の高さを挙げる。剛史部長は「新聞でも1回戦から取り上げられる。注目度も高く、県民性なのかなと思う」、全国を渡り歩いた北村監督も「県代表の甲子園の試合は車も通らなくなるなど、県民全員で応援する一体感がある。野球熱は沖縄が一番」と実感を語った。

「文部両道」で躍進

美里工の方針

トヨタ自動車に沖縄電力、中部電力や関電工――。美里工業の校内に掲示された卒業生の進路決定を伝える紙には、県内外を問わずさまざまな企業名が並んでいる。部活をしながら資格取得を目指す「文部両道」を掲げる同校。２０１７年には難関の国家資格・第1種電気工事士に44人が合格し、全国の高校・高等専門学校の中で3位、15年には全国一の53人が取得した。

14年のセンバツで春夏通じて甲子園初出場を果たした美里工。指揮を執る神谷嘉宗監督は、08年夏に浦添商業を率いて4強入りした実績を持つ。美里工では「資格を取れば大手の会社も狙える。就職でも有利になる」と資格取得の講習に力を入れ、野球を終えた卒業後の人生も見据えた指導に取り組んでいる。

毎朝7時半、同校の教室では机へ必死に向かう選手たちの姿がある。工業高校の特性を生かし、早朝練習後に行ってきた資格取得のための講習だ。午前6時に集合し、約1時間の練習後に実施。放課後にも講習があるため、全ての選手が練習に集まるのは午後6時すぎになる。それでも「ただ野球をやるだけでなく、文部両道で。進学校以上に頑張っていると思う」（神谷監督）と、決して勉学をおろそかにさせない。

恩納村から通う1年生の與古田美月は、午後8時に部活を終えて帰宅後は風呂に入って寝床に直行。朝6時集合のため、起床は夜も明けない午前4時半と早いが8月までに第2種電気工事士の資格を取得した。

中学の時に県外校から誘いを受けたが「本気で甲子園を目指し、将来は安定した職業に就ける」と美里工を選んだ。多忙な毎日も「きついけど充実感がある。実の詰まった高校生活」と勉学と野球の両立を楽しむ。

3年生の神里武蔵は電気工事士などの資格を八つ、比嘉洋介は七つ取得した。「野球以外も両立できる。資格を取得する時間も監督が考えてくれた」と神里。比嘉は「仲間が頑張っているから自分も頑張れた。野球も資格取得も負けられないと触発され、自然と両立できた」と

2015 年には第 1 種電気工事士の試験に全国最多の 53 人が合格した＝ 15 年２月、美里工業高校

振り返る。

　山城克校長は「１日の過ごし方や生活リズムなど、生活習慣が身に付く」と野球部員の頑張りを評価。「人付き合いやコミュニケーション能力など、社会が求める人材を育てることは学校のモットー」と語る。

　中学生の球児たちが県外進学を選ぶ現状に対し、神谷監督は「いかに魅力があるチームづくりができるか。県内に残ってもらうには、これしかない」と力を込める。16年３月に定年退職した後も監督を続けており「この子たちと野球ができて幸せよ」。選手たちの頑張る姿が、何よりの原動力だ。

垣根を越えて

中高の指導者集う

小中高の垣根をなくそうと、2016年に本島中部で新たな取り組みが始まった。中部にある中学の軟式、硬式野球チームと高校野球の監督、部長らが一堂に会する「沖中・のぼーる会」。球児の近況報告や指導者間の親睦を目的に、年に1度のペースで定期的に開かれている。

「のぼーる」とは、野球が好きだった正岡子規の雅号「の・ぼうる」にちなんで名付けられたもの。元々は神奈川県内で行われていた取り組みで、美里工業の神谷嘉宗監督が神奈川に遠征した際、現地であった「のぼーる会」に参加したことがきっかけだった。

これまで、県内では学童や中学、高校の指導者同士の交流がほとんどなかった。神谷監督は「横のつながりはあるけど縦がない。お互いに遠慮してしまって、小中高で壁があった。高校の先生方の中にも、どういうチームがあるか分からない人もいるかもしれない」。遠征から戻り、「中部は一つ」と開催を企画した。

「沖中・のぼーる会」の第1回は高校の指導者のほか、中学の軟式野球の監督や部長が参加。昨年11月に開催された2回目には、神谷監督の呼び掛けで85人が集まった。中学の硬式にも門戸を広げ、育成会が15人、ボーイズ・ポニーは14人、中学軟式は21校から27人、高校は中部地区19校から30人近くが集まった。今年12月に第3回の開催も決まっており、学童野球の指導者にも声を掛けている。

中学球児の県外進学が増えているが、会ではこの話題は出てこない。「子どもたちを育てる同じ指導者として、お互いに知り合い、連携を取ることが大事」（神谷監督）と名刺交換から始まり、選手の近況報告や学校の成績に関する相談がほとんどだ。その後も指導者同士の交流が続く。

同様の動きは本島中部だけでなく、離島でも広がりをみせる。八重山高の與那城吾朗監督は、美里工にいた16年に沖中・のぼーる会の1回目に参加した。「素に戻って話ができ、今の学校の状況など意見交換ができる」と

本島中部の野球指導者が親睦を深める「沖中・のぼーる会」。最後は「栄冠は君に輝く」の合唱で締めくくる＝２０１7年11月、沖縄市（提供）

意義を実感し、同校への赴任をきっかけに八重山での実現に向け動きだした。「預かった子どもたちをどう育てるか。野球を通して子どもたちが成長できるきっかけにもなれば」と今冬の初開催を目指す。

17年12月、本紙が企画した県高野連ＯＢの座談会で、会長を務めた宜野座嗣郎（82）は「学童野球からの各監督が『心』を教え、そんな子どもが高校に来て一段と伸びる。それがベースにあることを高校野球関係者は忘れてはいけない」と説いた。神谷監督は「中部に残る子どもたちを、みんなで見守り、育てていきたい」と、これからも会を続けていくつもりだ。

県外から沖縄に

本年度 3年生含め55人

沖縄の中学球児が県外の強豪高校に進学する〝県外流出〟が話題に出るようになって久しい。今春は約70人が県外校に進んだとされる一方で、甲子園を目指し、沖縄でプレーすることを選んだ県外中学出身者は、本年度は3年生も含めて55人いた。

「島の人を甲子園に連れて行く」。今夏引退した中部商業3年の中濱太洋は、2年半書き続けた野球ノートにそんな言葉を記した。鹿児島県の奄美大島出身で、5歳から沖永良部島に住む。小学生の時、テレビで見た沖縄代表の甲子園での戦いぶりに憧れ、沖縄の高校から聖地出場を目指すと決めた。

沖永良部島に球場はなく、中学の部員は13人しかいなかった。打撃マシンは手動で攻撃力は低く、「21個のアウトのうち、11～13三振を奪っても負ける」ありさまだった。

それでも、両親の「沖縄に行くなら鹿児島一の投手になるぐらいの気持ちで」との言葉を胸に、平日は3キロ、休日は6キロ走って備えた。「真っすぐだけで通用する投手に」と変化球は覚えずに直球を磨き、3年生になると鹿児島県内の有名私立高校からも声を掛けられるようになった。

部活動を引退した3年の9月、家族と共に宜野湾市内に引っ越して育成会に入り、中部商への進学を決意。島を離れる際に同級生からもらった色紙は宝物で、つらい時も「自分一人で野球ができているわけじゃない。みんなを甲子園に連れて行く」と気持ちを奮い立たせた。

高校最後の夏は準々決勝で敗れ、甲子園出場はならなかった。だが「悔しい思いをした分、また次頑張れる」と、今度は大学でプロを目指して野球を続ける。

沖縄で夢を実現させた球児もいる。昨夏の甲子園、県代表の興南で背番号2をつけたのは大阪府出身の渡辺健貴だった。名門ＰＬ学園への入学が決まっていたが、不祥事で新入部員の受け入れが停止に。興南が春夏連覇を果たした２０１０年、甲子園練習を見学して我喜屋優監督と写真を撮った縁もあり、同校への進学を決めた。

3年生の夏に来ることができた憧れの聖地。智弁和歌山との1回戦は7番捕手で先発出場した。試合は6点差をひっくり返され、逆転負けで白星を挙げることはできなかった。

現在は地元の関西学院大の硬式野球部で汗を流す。今夏の甲子園は、興南の同級生と一緒にアルプススタンドから声援を飛ばした。後輩たちの姿が昨夏の自分と重なる。「中学の友達も応援に来てくれた。甲子園にも行けて、夢をかなえられて。ほんまに充実した3年間でした」と、興南での日々を懐かしんだ。

沖永良部島から県内進学を選んだ中部商業の中濱太洋＝同校

正捕手として甲子園出場を果たした興南の渡辺健貴＝2017年8月11日、甲子園球場

海外から進学

台湾球児　沖縄で汗

日本の高校野球に憧れ、台湾から沖縄にやって来る球児が増えている。２０１４年、興南に1人が進学したのを皮切りに、台湾の中学生が県内の私立校に入学する流れが始まった。本年度は興南、沖縄尚学、沖縄カトリックの3校に計8選手が在学し、白球を追い掛けている。

17年に創部した沖カトには今年4月、台湾の中学から柯苡豪（コ・イホウ）、秦逸文（チン・イーブン）の2選手が入った。さらに1度他県に進学した李明峰（リー・ミンフォン）も、柯と同じ中学だった縁もあり、沖カトに再入学。岸本幸彦監督の自宅に3人で下宿し、私生活も共にする。

練習にも少しずつ慣れてきた。李は「岸本先生が自分の悪いところを教えてくれる。自分の態度も良くなってきたと思う」と精神面の成長を実感している。柯は「先輩たちとノックを受ける中で、たくさんのことを学べる。疲れるときもあるけど、もっと頑張りたい」と向上心をのぞかせた。

日本語の習得にも熱心だ。秦は「両親からも日本語を勉強した方がいいと言われていた。日本語検定の一番上のレベルを取りたい」と、台湾から日本語を学ぶ本を送ってもらった。岸本監督は「成績も上がってきている。言われたことを素直に聞き、礼儀正しい」と太鼓判を押し、3人を講師にした部内での中国語講習も企画している。

沖尚1年生の張博瀚（チョウ・パクカン）は１８１センチ、75キロの大型内野手。沖縄に来て、投手レベルの高さに驚いたという。「早く自分の実力を高め、メンバーに入りたい」と闘志を燃やす。比嘉公也監督は「県外どころか、言語も違う海外から沖縄に来て野球をやる精神的な強さがある。逆に、沖縄の選手が同じことができるかと。いい影響を与えている」とうなずく。

いずれも日本の高校野球に憧れたのは、台湾で放送されていた甲子園の中継を見たからだ。柯は、球児が涙を流す姿に感銘を受けた。「昔から日本の高校野球に引か

れ、日本でやりたかった」。指導する岸本監督は「試合に負けると、選手はこれまでの野球生活を振り返って悔し涙を流す。そんな高校野球の精神的な部分に魅力を感じたんだと思う」と分析する。

張は中学2年生の時に観光で来日し、甲子園大会を見て日本への進学を決意した。「台湾と違って、たくさんの人が試合を見に来てくれる。日本の選手は幸せです」。高校球児たちが目指す甲子園の地。憧れる気持ちは国境を越えている。

台湾から来た沖縄カトリックの（左から）柯苡豪、李明峰、秦逸文＝同校

エピローグ　沖縄と甲子園

我如古　つながる思い実感

興南が沖縄県勢で初めて夏の甲子園を制した2010年8月21日。決勝後の優勝インタビューで、アナウンサーが「あの向こうに沖縄があります」と興南の一塁側アルプスを指さした。当時主将だった我如古盛次(26)は、とっさに出てきた言葉をそのまま口にした。

「沖縄県民みんなで勝ち取った優勝です」

事前に用意していたわけではない。1992年、名護市に生まれた我如古にとっては首里の県勢初出場も、興南旋風も、沖縄水産の2年連続準優勝も、遠い過去の話。それでも勝ち進む中で、甲子園に懸ける県民の思いを肌で実感した。

この年、春夏連覇を達成した興南には紫紺と深紅の2本の優勝旗がそろった。それぞれの表彰式で主将として大旗を手にしたとき、異なる感情が浮かんだ。

センバツは「自分たち興南でつかんだ優勝だった」と振り返る。前年は春夏ともに初戦敗退して力不足を実感し、「これではだめだ」から始まったチーム。まずは目の前の1勝を目指し、「初戦突破で流れに乗った。やってきたことをやり通した春」だった。

夏は違った。春夏連覇の期待がかかる中、試合ごとに増す声援がナインの背中を押した。準決勝の報徳学園戦では5点差をひっくり返しての逆転勝ち。その声が一番力になったのは、東海大相模との決勝だった。

県勢初の夏優勝を見届けようと、聖地は異様な空気に包まれた。午前8時10分には、2006年決勝の早稲田実業―駒大苫小牧戦を上回る5650人が並んだ。10時の開門は1時間25分繰り上がり、9時には満員通知が出た。沖縄から臨時便が飛び、スタンドは興南カラーのオレンジで埋め尽くされた。

大会屈指の島袋洋奨と東海大相模の一二三慎太による投手戦との予想は大きく覆った。四回の2点目は敵失によるもの。2死三塁で我如古の内野ゴロはイレギュラーバウンドでセーフとなり、押せ押せムードでこの回7得点。「歓声の上がり方がこれまでと全然違った。相手が崩れた」と話す。

一打ごとに指笛が響き、どよめきが増す。六回に打った甲子園での初本塁打は、打球の行方すら見失った。「打った瞬間、わーっという声が大きすぎて。入ったことも分からなかった」

決勝での19安打、12点差は大会史上3番目の記録。「プレーしながら目に見えない力を感じていた。興南だけの力で優勝したとは思えなかった」と語る。

◇　◇　◇　◇

沖縄高校野球は戦後、県民と共に歩んできた。首里が県勢初出場した1958年、海に捨てさせられた甲子園の土の話は、米軍統治下の不条理さを全国に知らしめた。

優勝インタビューで、我如古盛次（左）の「県民みんなで勝ち取った優勝です」の言葉に甲子園が沸いた。右は島袋洋奨＝2010年8月21日、甲子園

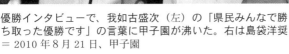

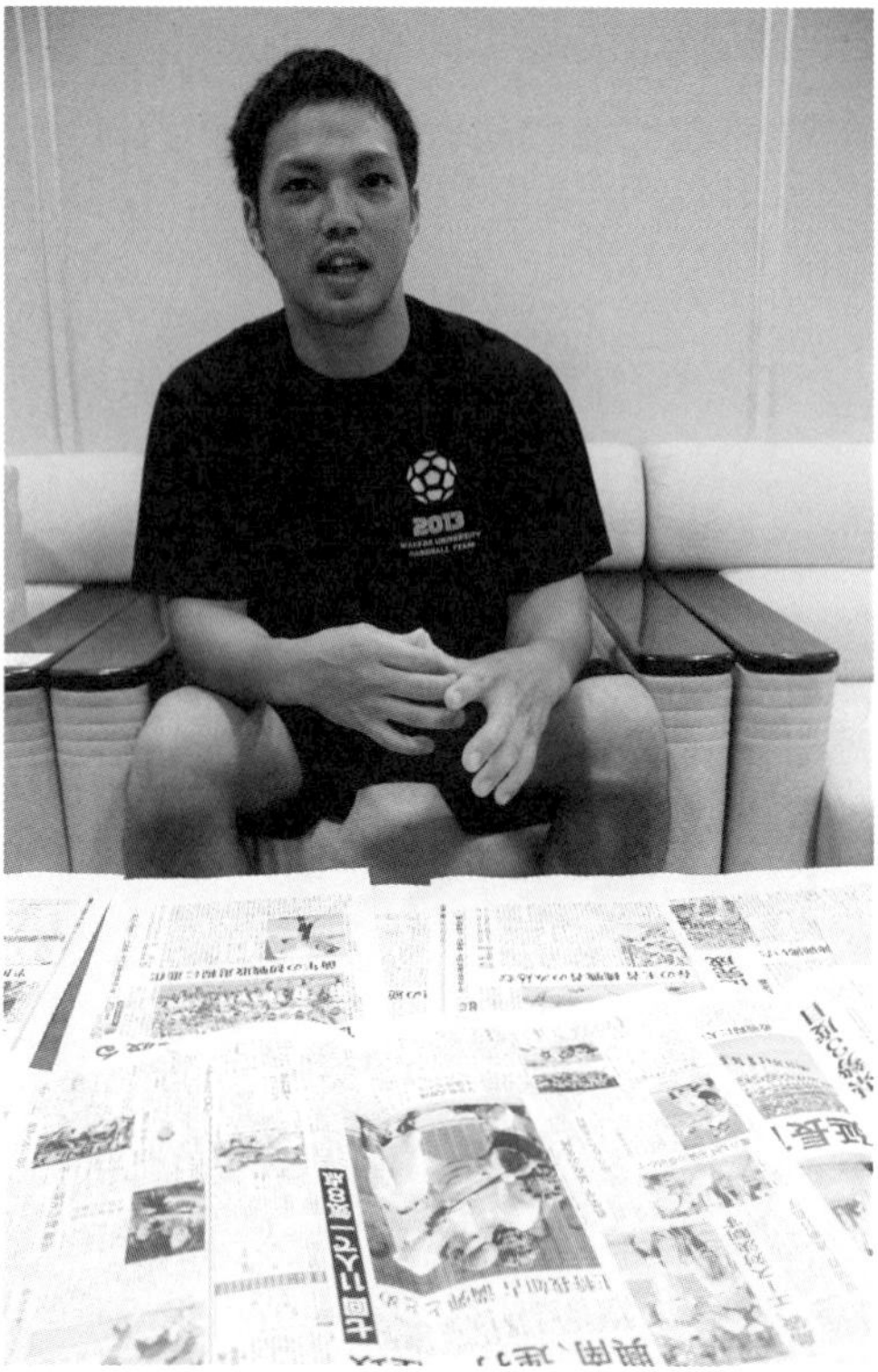

「県民の応援に、目に見えない力を感じていた」と振り返る我如古盛次さん＝東京都内

初めて4強入りした68年の興南旋風は、国際通りでのパレードで黒山の人だかりができた。75年センバツで豊見城を8強に導いた赤嶺賢勇は「沖縄の星」と呼ばれ、初めて夏の決勝に進んだ90年は、沖水・横峯孝之の同点打かと思われたレフトライナーに一瞬、初優勝の夢を見た。

我如古が野球を始めたきっかけも、２００１年センバツに21世紀枠で出場した宜野座の活躍にある。自宅から15分の県立校が甲子園で4強入りし、「小さい島からでもできるんだ」と感動した。久辺中3年の時には、興南が24年ぶりに甲子園に出場。浦添商との県大会決勝を生で見て、興南進学を決めた。

春夏連覇から8年。今、社会人野球の東京ガスでプレーしている。あのとき、とっさに出た「沖縄県民みんなで勝ち取った優勝です」の言葉の意味。今だからこそ、「今まで沖縄の野球史をつくってくれた、先輩たちがつなげてくれたもの」と言える。

甲子園はハーリーやエイサーなどと並び、県民を一体とさせるものの一つではないか。「沖縄の人にしか感じられないパワーと願いがある」と強く思う。

おわりに

選手の数だけドラマ

「あり得ないことが何度も起こったんです」。昨年12月、連載「球児たちの1世紀」の初取材、1990年に沖縄水産で三塁手だった新里紹也さん（46）は開口一番、こう切り出した。

連載の第1部は、県内の高校野球・監督を対象にした名勝負アンケート。結果は、90年決勝の沖水－天理戦が39票を集めてダントツの1位だった。90年に生まれた私にとって、県勢で初めて決勝に進んだこの試合はもちろん知らない。だが、新里さんのドラマチックな語り口調にどんどんのめり込んでしまった。

新里さんが「あり得ない」と話したのは、勝敗の分かれ目となった数々の場面だ。いつもは決まる犠打が決まらず、我慢できずに走者が飛び出す。0－1の最終回二死二塁、横峯孝之のレフトライナーは普段とは逆の右翼席方向への強風に押し戻されて失速。天理の左翼手が伸ばしたグラブに収まって試合が終わり、三塁を回って崩れ落ちた二走を三塁コーチャーが抱き起こした。

県勢悲願だった深紅の大優勝旗を掲げ、グラウンドを一周する興南ナイン＝2010年8月21日、甲子園球場

作詞家の阿久悠さんは当時、スポーツ紙の連載でこの試合をこう評している。

「泣けて泣けて仕方なかったのです（中略）夢が実るにしろ　夢がついえるにしろ　これ以上はない幕切れで時間にして数秒の間に　大きな大きな感慨を凝縮した一瞬でした」

私は連載の初回を書き終え、劇的な最後の一場面を実際に見たような感覚だった。甲子園を彩った名試合は、何年たっても色あせない。

◇　◇　◇　◇

取材の中で、特に印象に残った方が2人いる。

1人は58年、県勢で初めて甲子園に出場した首里の左翼手としてグラウンドに立った山口辰次さん（78）。沖縄大会では本塁打を放ったが、甲子園では極度の緊張に陥り無安打に終わった。

にこやかに話していた山口さんが何度も目元をぬぐった。「体が金縛りにあったみたいに動かなくて。何で打てなかったのかな」。あれから60年も過ぎているのに、悔しさを忘れていなかった。

もう1人は、68年に興南のエースとして甲子園に出場し、県勢初の4強に導いた多賀（旧姓＝安次嶺）信一さん（68）。63歳で中咽頭がんを患い、声を失った。それでも「筆談でいいなら、お手伝いできれば」と取材に応じてくれた。

「俺の使命はただ一つ。優勝させること。優勝せんといかん。2位もビリもオンナジヤ！」。多賀さんの当時の日記には、力強い言葉が並ぶ。今も「常に気持ちを強く持っているやつがナンバーワンになれる」と気の強さは変わらない。

2人にとって甲子園で過ごした日々は、大切な記憶としていつまでも残り続けていた。

今夏の100回大会の時期に、高校野球担当だったことは幸運だった。沖縄の高校野球史を彩るナインが放った一瞬のきらめきやさまざまな思いを、「球児たちの1世紀」の取材で追体験できたからだ。

60回の連載で取り上げることができた人はほんの一握り。それでも球児の数だけドラマがあると思う。その一瞬に懸ける情熱やプレーが県民を引きつける。また、次の100回が始まる。

（運動部・我喜屋あかね）

仲間と挑む【又吉健次】 6月19日（37）
日本ウェルネス初参戦【新垣亮】 6月20日（38）
シード校の挑戦【我喜屋あかね】 6月21日・22日（39）（40）

第4部　名選手
興南　島袋洋奨【我喜屋あかね】 6月27日（41）
沖縄高　安仁屋宗八【又吉健次】 6月30日（42）
豊見城高　赤嶺賢勇【我喜屋あかね】 7月5日（43）
豊見城高　石嶺和彦【我喜屋あかね】 7月11日（44）
興南　仲田幸司【當山学】 7月14日（45）
沖縄水産　上原晃【我喜屋あかね】 7月19日（46）
沖縄水産　平良幸一【我喜屋あかね】 7月27日（47）
沖縄水産　大野倫【當銘悠】 7月31日（48）
八商工　金城長靖【新垣亮】 8月5日（49）
沖縄尚学　東浜巨【我喜屋あかね】 1月1日
中部商業　山川穂高【我喜屋あかね】 1月1日
沖縄高で安仁屋とバッテリー　粟國信光【當銘悠】 8月16日（番外編）

第5部　次の100回へ
県高野連の取り組み【我喜屋あかね】 9月12日（50）
県外校の合宿誘致【我喜屋あかね】 9月13日（51）
沖縄市事業 球児を支援【我喜屋あかね】 9月14日（52）
地域から甲子園【我喜屋あかね】 9月15日（53）
相次ぐ野球部新設【我喜屋あかね】 9月21日（54）
「文部両道」で躍進【我喜屋あかね】 9月26日（55）
垣根を越えて【我喜屋あかね】 9月28日（56）
県外から沖縄に【我喜屋あかね】 9月29日（57）
海外から進学【我喜屋あかね】 9月30日（58）

エピローグ　沖縄と甲子園【我喜屋あかね】 10月11日（59）
おわりに【我喜屋あかね】 10月12日（60）

執筆者・掲載日一覧

・【　】内の人名は取材・執筆者名。掲載時の所属はすべて運動部。
・掲載日はすべて「2018 年」を省略。その後ろの括弧内数字は連載回数。
・1月6日・7日掲載の「県高野連関係者座談会」(回数表記なし)は本書に掲載していない。
・本書「はじめに」は書き下ろし。

県内高校野球の監督・部長が選んだ県勢夏の名勝負【我喜屋あかね】　1月1日

第1部　名勝負

1990 年　沖水0－1天理【我喜屋あかね】　1月4日・5日　(1)(2)
2010 年　興南 13 －1東海大相模【我喜屋あかね】　1月 11 日・12 日(3)(4)
1991 年　沖水8－ 13 大阪桐蔭【儀間多美子】　1月 18 日・19 日(5)(6)
2010 年　興南6－5報徳学園【我喜屋あかね】　1月 25 日・26 日(7)(8)
1997 年　浦添商0－1智弁和歌山【我喜屋あかね】　2月8日(9)
2001 年　宜野座7－1仙台育英【儀間多美子】　3月1日(10)
2000 年　那覇2－1中京商【新垣亮】　3月8日(11)
2006 年　八商工9－6千葉経大付【我喜屋あかね】　3月 16 日(12)

第2部　歩み

聖地初出場【我喜屋あかね】　5月2日～4日(13)～(15)
初勝利【又吉健次】　5月9日～ 11 日(16)～(18)
躍動【我喜屋あかね】　5月 15 日・16 日(19)(20)
4強の壁【我喜屋あかね】　5月 17 日～ 19 日(21)～(23)
躍進再び【當山学】　5月 23 日～ 25 日(24)～(26)
旋風再来【我喜屋あかね】　6月1日～3日(27)～(29)
地域の力【儀間多美子・我喜屋あかね】　6月5日・6日(30)(31)
春夏連覇【我喜屋あかね】　6月7日(32)
壁を越えて【新垣亮】　6月8日～ 10 日(33)～(35)

第3部　勝利への道

補食重視 心身育む【當山学】　6月 15 日(36)

学校名索引

石川　36-40，86
糸満　37，49，68，116
浦添　78
浦添商業　1，3，5，28-29，74，91，110，122，126，136
沖水→沖縄水産
沖縄（高）37，42，94-95，114-115，118
沖縄カトリック　55，132-133
沖縄尚学　29，37，42，44，89-91，94，110，114，118，122，132
沖縄水産　1-2，5，12-15，20-22，58，62-69，102-104，106-107，113，118，122，124，134，136-137
沖縄ろう学校　76，80-81

嘉手納　1，122-123
北城ろう学校　76-81
宜野座　1，4-5，30-31，70-71，78，80，136
球陽　120
具志川商業　29
ＫＢＣ学園未来沖縄　49，66，88-89，124-125
コザ　48，54，80，89-90，120
興南　1-3，5，16-17，19，24-25，41，44，48-51，53，55，58，60-64，66-67，74-75，88-89，91，100-101，104，111-112，116，118，122，130-132，134-138

首里　1，36-44，46-48，94-95，116，134-135，138

知念　64
中部工業　80
中部商業　1，68，70，112-113，130-131
豊見城　1，52-58，68，96，98-99，136

那覇　1，4-5，32-33，36-38，42
那覇商業　1，124
南部商業　84-85
日本ウェルネス　86-87，124-125

普天間　77，80
北山　122-123

前原　1
美里　80
美里工業　120，126-128
宮古　112
美来工科　80，120-121
本部　82-83

やえせ高等支援学校　84-85
八重山　64，128
八重山商工　1，4-5，34-35，72-73，108
読谷　80

中濱太洋　130-131
仲間芳博　4，30-31
長嶺勇也　32-33
仲村匠平　89
中村寿　12-14
仲村雅仁　21
成底和亮　32-33

野原毅　21
野原毅　68-69

【ハ行】

花城蓮　84-85
羽地達洋　4，72
原一臣　84-85

比嘉公也　90，132
比嘉忠志　4，32-33
比嘉裕　70-71
比嘉洋介　126
比嘉良智　62，66-67
東浜巨　110-111
備瀬知政　118
比屋根吉信　58-59，62-63，100
平田望　62-63
平野伸一　20，22

福原朝悦　38
譜久山長儀　56
藤木琉悠　88-89

【マ行】

前川盛彦　1，13-15
真栄田聡　60-62
眞榮平大輝　25-27，92
又吉民人　42-46
真玉橋治　116
眞玉橋元博　120

宮城岳幸　82-83
宮國椋丞　84
宮里正忠　42-46
宮里光　122

銘苅圭介　25
盛根一美　28

【ヤ行】

安富勇人　30-31
山川大輔　17-19，24，92
山川穂高　112-113
山川光浩　64
山口辰次　37-41，138
山城明男　80
山城克　127
山城勝二　30
山城優太　30-31
屋良景太　14，20-22，68，69

横峯孝之　5，12-14，136-137
與古田美月　126
吉田宗市　21
與那城吾朗　128

【ラ・ワ行】

李明峰（リー・ミンフォン）　132-133
渡辺健貴　130-131

北村潤一　86-87, 124
宜野座嗣郎　54, 129
宜保翔　88
宜保政則　66-67, 102
金城賢司　35
金城洸汰　122
金城長靖　34-35, 72-73, 108-109
金城博和　59
金城睦俊　37-41
金城佳晃　32-33

具志川和成　21
国吉真一　36
国吉大将　26-27
国吉大陸　24, 26
慶田城開　3, 24-27, 91
柯玟豪（コ・イホウ）　132-133
護得久廉　89

【サ行】

栽弘義　13, 15, 20, 37, 52-54, 57-58, 62, 64, 66-69, 96, 98, 103-105
佐久川直浩　35
潮平雅義　32
島袋一夫　57
島袋洋奨　2, 5, 16, 18-19, 24-26, 74-75, 91-93, 112, 134-135
下地勝治　56
下地昌樹　3, 28-29
謝花暁　76
城間修　12, 14
新里紹也　12, 14, 137
末吉朝勝　68
砂川和男　53

【タ行】

平良拳太郎　122
平良幸一　65, 104-105
平良光　88
多賀信一　48-51, 138
高嶺朝健　38, 40
高吉悠人　86
竹下浩二　58, 60
玉城啓佐　77
玉城譲　121
玉那覇隆司　42, 46-47
玉寄尚　60-61

知念龍星　68
張博瀚（チョウ・パクカン）　132
秦逸文（チン・イーブン）　132-133
津山嘉都真　122-123

土井直希　86
唐真勝吉　64
當銘和夫　15
徳田安太郎　45
渡真利克則　58, 60-62
友利真二郎　34-35
友利結　58
豊平朝紀　32

【ナ行】

仲里拓臣　35
仲宗根弘　36-37, 39
仲田勝紀　64
仲田幸司　58-59, 62-63, 66, 100-101
仲田秀司　59, 62-63, 66, 101

人名索引

【ア行】

赤嶺賢勇　52-57，96-97，136
粟國信光　114-115
安里嗣則　36，48-49，116-117
安里陽宣　43，46
安次嶺信一　→　多賀信一
安仁屋宗八　42，94-95，114-115
新垣渚　68
新垣龍希　88

池間大智　90
池村英樹　32-33
伊佐勝男　43
石川善一　36-40
石川吉和　60
石嶺和彦　56-57，98-99
伊志嶺吉盛　34-35，72-73，108-109
糸数克彦　43
伊波翔悟　110
伊禮伸也　18
伊礼忠彦　65

上里正光　114
上地哲司　64
上原晃　65，67，102-104
上原健吾　29
上原忠　68
上原安博　32
上間孝史　64-65
上間豊　28-29

内間邦彦　59，61

大蔵宗元　122
大城健裕　47
大城滉二　24-25，27
大城大空　89-90
大城卓三　18
大城剛　1，12-13，15
大野倫　2，14，20-23，68-69，106-107
大庭猛義　76-81
大嶺祐太　34，73，108
大湾圭人　16，26
奥濱正　31，70-71
奥平結　34-35

【カ行】

垣花米和　43-46
我喜屋優　18，24-26，48-51，74，88，92，130
我如古盛次　3，5，16-19，24-26，74-75，92，134-136
神谷善治　14-15
神谷嘉宗　120，126-129
神山昂　49，66，88，124
神山剛史　124-125
亀谷興勝　52
嘉陽宗雄　89
川上大喜　84-85
川田将平　112
川満剛　117
神里昌二　56
神里武蔵　126

岸本幸彦　54-55，57，132-133

沖縄タイムス社の本

沖縄タイムス・ブックレット19

沖縄　甲子園名勝負ファイル

高校野球100年　頂点目指した球児たちの軌跡

沖縄県勢の甲子園での名勝負45試合をピックアップ、当時の記事と写真を再録した。付録として初出場の1963年から2015年までの「沖縄・甲子園年表」、資料として出場校別勝敗一覧、都道府県別対戦成績一覧も収録した保存版。

定価1100円+税

第100回全国高校野球選手権記念沖縄大会

沖縄　高校野球グラフ　2018

興南高校が2年連続の県代表を決めるまでの、1回戦から決勝までの全64試合を記録したオールカラー報道写真集。さらに参加全校の入場行進の写真と選手名簿を掲載。スタンドの応援風景も収録した、「記念の夏」をご堪能ください。

定価926円+税

沖縄タイムス・ブックレット 20
球児たちの１世紀　夏の甲子園 100 回

2018 年 12 月 19 日　初版第 1 刷印刷
2018 年 12 月 25 日　初版第 1 刷発行
編　者　沖縄タイムス社
発行人　武富 和彦
発行所　沖縄タイムス社
〒 900-8678 沖縄県那覇市久茂地 2-2-2
TEL098-860-3591　FAX098-860-3830
印刷所　株式会社東洋企画印刷

ISBN978-4-87127-520-0 C0475